8° R
17555

PRÉFECTURE DU MORBIHAN
20 OCT 1901
N°

En marge

de la

Philosophie

« Il faut comprendre pour aimer,
et non aimer pour comprendre. »

(S¹ Anselme.)

PARIS

ARTHUR SAVAÈTE, ÉDITEUR

76, rue des Saints-Pères, 76

1901

En marge

de la Philosophie

8° R
17555

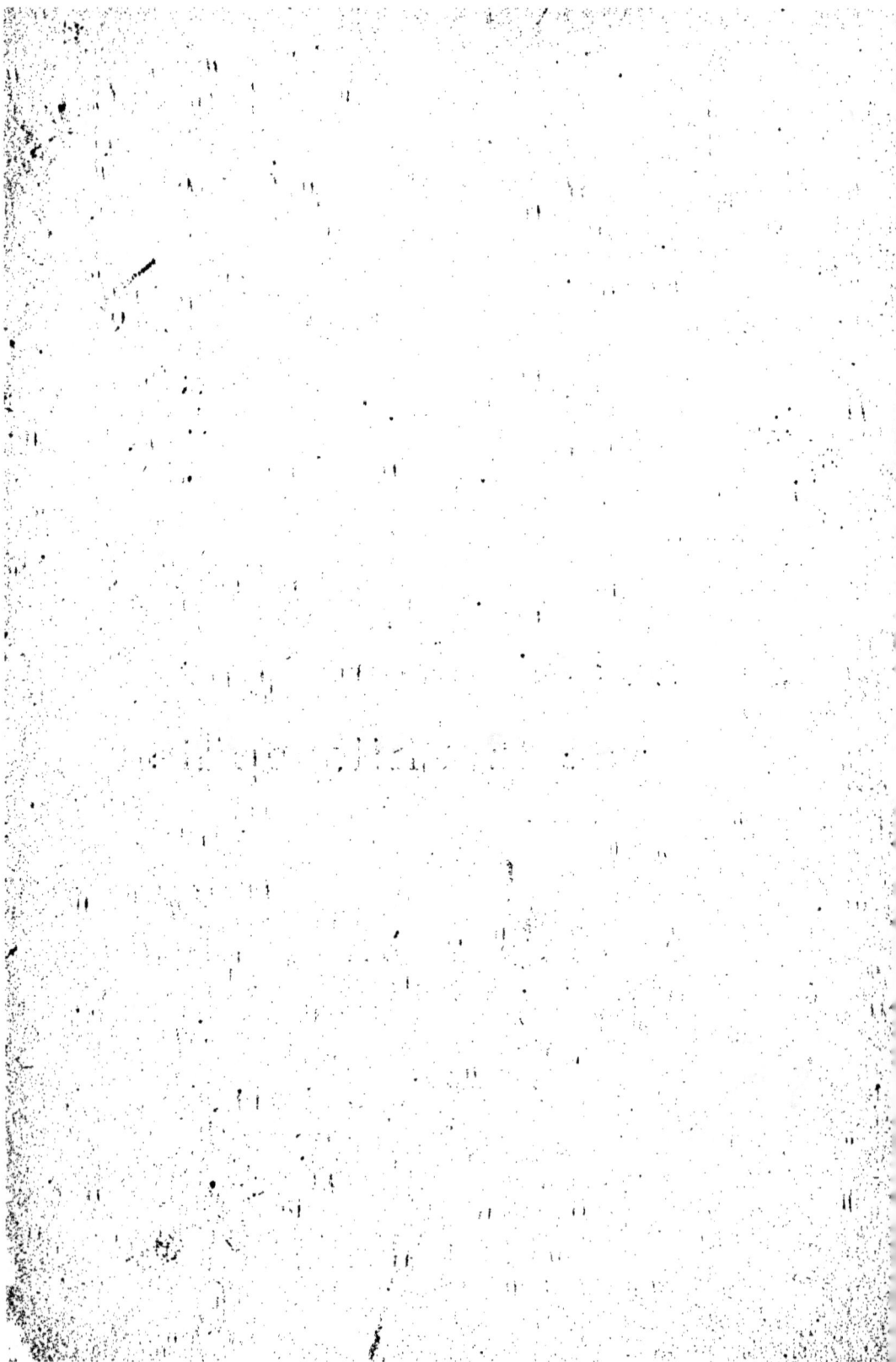

JOSEPH DE SANTI

En marge

de la

Philosophie

« Il faut comprendre pour aimer,
« et non aimer pour comprendre. »

(S⁺ Anselme.)

PARIS

ARTHUR SAVAÈTE, ÉDITEUR

76, rue des Saints-Pères, 76

—

1901

EN MARGE

DE LA PHILOSOPHIE

~~~~~~~~~~~~~~~~~~~~~~~~~~~~~

NOTRE ÉPOQUE

———

Une rumeur parcourt tout l'espace ; elle s'élève de tous les points de notre globe, c'est une rumeur permanente. Elle n'est pas propre à notre époque. Elle est de tous les temps. Moins forte, néanmoins, à certains moments, quand elle devient plus aiguë, c'est la crise déplorable et désastreuse, c'est l'instant où la mer se soulève, où la tempête se déchaîne. De nombreuses victimes sont alors englouties !..... Et la nôtre est une époque de crise. Le mal est si compliqué qu'il réclame un diagnostic sérieux. Pour l'établir, il faut écouter toutes ces voix qui poussent leurs différents cris en

1

désarroi. Ce sont les cris d'hommes en délire, que les passions ont bouleversés. C'est la lutte chaude, bouillante, et elle est faite « au nom de la liberté » ! C'est un bruit assourdissant. Que de théories, que d'écoles, que de controverses, que de batailles !....... C'est vrai : le monde a été livré aux disputes des hommes.

L'homme est libre. Et il s'écrase par sa propre puissance et de sa propre volonté !

Du fond de l'abîme, il crie : lumière ! mais il ne peut plus la voir. Il crie : vérité ! mais il ne peut plus l'entendre.....

A ces deux appels, on lui répond : Révélation ! c'est la lumière. Surnaturel ! c'est la vérité.

La Révélation ? Et où est Dieu ?

Le Surnaturel ! mais la nature ne nous indique pas qu'il y ait quelque chose au-dessus ou en dehors d'elle........

Notre globe tourne et évolue dans l'espace. Dans ce mouvement y voyons-nous la nature ? Quelque explication que l'on puisse donner de l'existence de ce mouvement, il ne pourra jamais être attribué à la nature ? La nature, c'est *ce qui est fait,* mais elle ne fait pas, puisque nous ne relevons en toutes choses qu'une continuation régulière et répétée pour chacune d'elles. D'ailleurs, ne disons-nous pas qu'une chose est telle de sa nature ?

Dans le cas contraire, combien de faits nous apparaîtraient comme sur-nature ! Tels : l'animal qui marche, l'oiseau qui vole, et........la parole, chez l'homme.

Mais, actuellement, les esprits ne sauraient plus descendre à ces observations qui sont d'une simplicité trop humiliante et trop naïve, au milieu de toute cette science qui nous inonde de sa lumière révélatrice ! Aussi, après les travaux très remarquables qui ont été effectués, ils se persuadent que bientôt ils pourront posséder toute la vérité scientifique. La Tour de Babel a été reprise. Ne rions pas. Elle est encore plus visible que jamais. De fait, loin de gagner en élévation vers la vérité supérieure qui rayonne dans notre raison, les esprits sont entraînés dans une chute rapide vers les ombres de la matière. Grandeur et décadence ! C'est dans l'ordre des choses, dit-on. Pourquoi ? Voilà ce que l'on ne nous dit pas.

On travaille notre crise actuelle en voulant reprendre l'Évangile, mais pour le fausser en l'imitant ; 93 l'avait brûlé.

Eh bien, ce n'est jamais le tâtonnement d'une théorie, d'un système qui réussit dans un pareil désordre, dans un tel antagonisme de principes, d'opinions et de conduite dans la vie. Cet état réclame toujours un coup décisif et rapide pour le rétablissement d'une autorité qui s'impose.... La seule autorité possible, c'est la philosophie, école de la science vraie et de la sagesse commandée par la raison aidée de la Foi.

On marche à l'anarchie?..... C'est lent pour l'atteindre; car, elle est le mépris des premiers principes de notre raison qui nous permettent de connaître la vérité et de l'aimer, par conséquent, de ce qui constitue notre droit véritable. Et le droit est toujours défendu avec acharnement. Dans tous les cas, elle serait promptement éteinte; la liberté, étouffée entièrement dans son activité, réclamerait aussitôt une autorité qui lui est indispensable et qui lui permettrait de réaliser son exercice propre : direction de notre esprit et de notre conduite. L'autorité que nous venons de proclamer peut admirablement mener au vrai, au bien, au beau. Quant au socialisme, il est privé de son vrai principe, car l'homme doit d'abord se connaître. Il inscrit sur son drapeau : droits. Et la première place est due aux devoirs. Voilà l'Evangile.

Déjà nous avons gravé sur les frontispices de nos monuments publics des maximes qui sont en réalité, bien solennelles, mais qui n'en sont pas moins, bien justes; nous ne saurions, toutefois, oublier qu'elles n'ont aucune force par

elles-mêmes, et qu'elles nécessitent d'abord
chez l'homme, la possession d'un profond sentiment moral : ce sentiment permet seul de
constater qu'un mot plus solide et plus vrai encore fait défaut ; et ce mot est : devoir. Il demande sa place, comme fondement et comme
soutien. C'est pourquoi il est indispensable
d'ajouter à ces maximes ce puissant principe et
de fondre ces parties dans une unité supérieure :

Liberté-Egalité-Fraternité.

Devoir

Ce nouveau terme peut réduire les trois
autres dans leur développement à l'égard de
l'individu, mais il multiplie leur valeur en as-
surant leur réalisation. Nous saurons ainsi cour-
ber la tête sous le même niveau, le devoir.
Alors seulement, en possession de la Liberté,
nous pourrons acquérir tous nos droits et nous
verrons s'établir une juste Egalité, avec laquelle la Fraternité ne pourra manquer de
régner.

*

* *

Où en sommes-nous ? Où allons-nous ?
Telles sont les questions que chaque jour ré-
pètent les hommes qui s'intéressent avec amour
à l'état de notre société.

Un fait est très réel. On la travaille trop ; et ainsi on ne fait qu'attiser le feu de ses passions.

L'éducation n'est plus donnée dans la famille ! L'enfant la reçoit à l'école et dans la rue. Dans la rue, les scandales de la parole et de la conduite, voilà le plus souvent son maître. Nous faisons erreur. Il apprend le petit manuel de sociabilité et celui de civilité. Deux poisons et deux trompe-l'œil. A l'école ? La science du tout savoir pour ne rien savoir....

Mais le seul enseignement qui s'offre à tous, grands et petits, — vise le côté pratique ! L'appât du gain, au moment où l'argent est le plus rare. Il est centralisé. On le cherche partout où l'on n'a pas le droit de le prendre, et on l'abandonne aux accapareurs de haut..... chemin !

Le caractère dominant, chez l'homme, c'est la curiosité. Le fond de notre société actuelle est une curiosité excessive, si étendue qu'elle n'est plus qu'une curiosité de chaque instant, portée à tort et à travers, sans rime ni raison, car elle est sans vie et sans direction véritables. C'est une curiosité banale et malsaine, une curiosité de badaud. Une question et une réponse superficielles, tout est là. Si bien qu'elle est, disons le mot, éparpillée à tous les coins de rues, errante et vagabonde, à travers le monde. On ne creuse plus. Quoi d'étonnant! On ne sait plus le faire pour la terre, notre mère nourricière, qui en sera réduite bient... à nous laisser en proie.... à la faim! Ce sera le vrai moment où l'on ne saura plus rien entendre, encore moins s'entendre, si nous nous en rapportons au vieux proverbe : Ventre affamé n'a pas d'oreilles...

Sans doute, il y a des savants qui restent le plus souvent enfermés devant de gros volumes, des squelettes, des corps d'animaux, des cadavres humains, de nombreuses cornues, mais leurs travaux ne sont connus que d'un petit nombre, et, en voyant le jour, leur utilité ne va pas au-delà de l'intérêt pratique : arracher le corps aux infirmités, diminuer le travail matériel de l'homme. Dans le premier cas, nous ne nous portons pas mieux, pour cela, que nos ascendants ; dans le second, pour épargner nos bras, on les brise...

Et au milieu de cette vaste science, au milieu de tous ces semen-contra, avec tous ces instruments et toutes ces machines, l'homme travaille peu, souffre plus, et vit moins! Pourquoi ? L'univers est encore une profonde énigme, et l'homme est lui-même un mystère, devenu plus insondable ! Avant toutes choses, l'homme doit se connaître et connaître sa fin, pour pouvoir donner une direction à sa vie...

S'il n'a pas une conviction profonde et sincère, une croyance vraie, ah ! que peuvent être les mœurs, la paix, le bonheur !

Et ce n'est pas chose facile que d'implanter des sentiments solides et durables chez l'homme. Pour comble, l'on s'instruit dans les manuels, dans les feuilles périodiques qui nous inondent, dans les conférences données par des esprits... de bas étage ! Le peuple boit à longs traits à cette coupe d'or, mais empoisonnée : la coupe du progrès et de l'espérance ; et il ne voit plus, il ne peut plus voir qu'il se trouve mal.

Si le mal persiste ou même s'aggrave, la faute, du reste, en revient à ceux qui s'y intéressent, à leur empressement, nous ne dirons pas hypocrite, mais nous nous contenterons de le croire incompris : le travail de la mouche du coche. Les remèdes qu'on lui sert ne sont pas puisés à la bonne source et l'on ne se décide pas à reconnaître le vrai caractère du mal !

* *

Ces observations ne peuvent être considérées, actuellement, comme le fruit d'un pessimisme, si modéré qu'on puisse le supposer,

L'état de notre époque est trop évident et n'é-
chappe à personne. Mais ces constatations
doivent être présentées sans cesse à l'homme
comme un enseignement utile, indispensable.
Nous n'avons pas voulu, non plus, être sévère
pour notre temps. Dieu nous garde de ces deux
sombres guides : le pessimisme et la sévérité
qui vont de pair.

Dans la crainte, toutefois, que certains esprits
chagrins ne nous accusent, même à tort, et ne
mettent sur notre compte leur malveillance
naturelle, qu'on nous permette, comme conclusion à ce qui précède, d'indiquer dès maintenant l'idée dominante de ce très modeste
travail.

Nous sommes placés entre un ordre de
choses qui finit et un autre qui commence ; car,
dans le mélange d'ombre et de lumière, où
nous vivons depuis trop longtemps déjà, le
besoin d'en sortir se fait impérieusement
sentir.

Or, apprenons, tout d'abord, que le point de
départ de la véritable liberté n'est autre que
l'assujettissement de nos passions, et son point
d'arrivée la connaissance et l'amour de la Réalité
supérieure. Sachons nous convaincre que, si
l'homme est libre, il n'est pas indépendant.

C'est là la vérité.

Que celui qui a des yeux pour voir, voie. Ce ne sont que les aveugles qui peuvent trouver que le soleil n'éclaire pas la terre. Au reste, nul ne peut s'astreindre à démontrer l'existence de ce puissant foyer.

PREMIÈRE PARTIE

RUINE DE LA PHILOSOPHIE

Nécessité de la faire revivre. — Causes de ruine et Moyens de la faire revivre. — Les Sciences et la Religion. — Les Sciences et la Philosophie.

CHAPITRE I

RUINE DE LA PHILOSOPHIE

NÉCESSITÉ DE LA FAIRE REVIVRE

Les faits acquièrent (1) un tel enchaînement qu'aucune force humaine ne peut plus le briser une seule fois, en un seul point. Ils s'appellent les uns les autres, et ils ont un cours pareil à celui d'un grand fleuve, que nul homme ne peut arrêter, ni détourner à aucun moment.

Un nouveau Josué ne peut se produire pour imposer une halte au soleil dans sa course, disons plutôt, avec la science, depuis Galilée,

(1) Ce n'est pas la *force des choses*, telle que les libre-penseurs veulent l'établir dans les événements, qui seraient les résultats de cette force. Mais nous considérons *les faits* comme le résultat de la puissance des esprits, qui peuvent entraîner, même par un effet éloigné, tels événements que suscitent leurs opinions. Les faits ne sont-ils pas l'expression des idées ?

pour l'imposer à la terre dans son mouvement de rotation.

Mais l'histoire est impuissante à nous faire saisir cet enchaînement.

Ce sont les esprits, avec leurs idées nouvelles et spéciales, qui, sans doute, font leur époque; mais les esprits sont, pour ainsi dire, les esclaves de la grande poussée qui part du premier jour de l'histoire et qui se continuera jusqu'au dernier jour du monde.

C'est toujours l'époque précédente, héritage du travail des siècles passés, qui fait les esprits actuels et ce sont ces esprits qui préparent l'époque qui va suivre.

En un mot, chaque époque est le fruit des siècles qui l'ont précédée.

Très souvent, des périodes de trente ou quarante ans se présentent à nous comme un temps d'arrêt, une période de transition, ou même une époque de transformation, de rénovation. C'est une erreur de le croire. Les différences dans la forme et la grosseur des anneaux ne font pas que ces anneaux n'appartiennent point à une même chaîne. Et cette chaîne, aucune main, fût-elle de fer, ne peut la rompre.

Tout un siècle nous sépare des Voltaire, des Rousseau, des Diderot, et la grande révolution, qu'ils ont enfantée, n'est pas achevée.

La Pensée, soulevée par ces hommes perfides, qui prétendaient au titre de philosophes et de penseurs, et qui n'étaient, en réalité, que les apôtres de l'anarchie, crut à son affranchissement, alors qu'elle devenait l'esclave de sa passion pour la révolte et le crime.

Cependant, les armes ont changé de nos jours. C'était au nom de la philosophie que l'on prêchait, au XVIIIᵉ siècle, le grand enseignement: la libre-pensée. C'est au nom de la science qu'on la professe de nos jours.

On crie bien haut ces révélations arrachées triomphalement à la matière, qui font l'ère du grand progrès, et l'on veut, à tout prix, avec ces matériaux, les révélations scientifiques, bâtir une citadelle formidable en face de la forteresse imprenable jusqu'ici : le Christianisme, la Révélation supérieure.

...... Mais quelle aberration des esprits, et quelle confusion dans ces théories ! C'est une guerre absurde, un acharnement incompris.

En voulant élever toute la pensée libre, on la tue, et le christianisme, au contraire, la fait plus que jamais rayonner ; on la ravale et le christianisme l'ennoblit. On veut saper jusque dans ses fondements la théologie, et la théologie triomphe toujours.

Les dogmes ne finissent pas. La démonstration

de ce fait éclate encore plus avec le développement des sciences.

Ce qui meurt, c'est la philosophie, c'est la
métaphysique.

La grande liberté de pensée, comme un vent
funeste, a séché la pensée elle-même, à sa base,
dans ses profondeurs, le véritable champ d'ex-
ploration pour le penseur. Depuis Maine de
Biran, qui souhaitait un Christophe Colomb de la
pensée, ne se doutant pas qu'il l'avait été, aucun
penseur digne de ce nom n'a pu se produire ; et
ceci devient plus difficile encore, par suite de ce
terrible désordre, qui étouffe actuellement la
pensée, après être passé dans les faits, dans la
vie.

La Philosophie ? Jouffroy prétendait l'avoir
trouvée dans un trou, sans lumière et sans
air. Nous la voyons maintenant pâle, décharnée,
déguenillée, se traînant triste et sans vie, dans
les salles de dissection, dans les laboratoires.
La philosophie est, en effet, aux mains des natu-
ralistes, physiciens, chimistes, physiologistes.
La science des sciences a été descendue de son
sommet. Les sciences l'absorbent en elles de
plus en plus. On ne peut désormais le méconnaître : la science domine tous les esprits.
N'en soyons pas étonnés. On ne veut plus
que du réel, du positif, et l'on repousse abso-

lument les spéculations abstraites que l'on considère comme vaines et ridicules...

Nous devons, sans doute, nous réjouir des travaux de la science et des progrès qu'elle réalise par ses découvertes. Soyons ardemment passionnés pour toutes ces conquêtes remportées sur la matière. Elles sont faites pour assurer le triomphe de la pensée saine, libre et joyeuse.

Dégager, épurer, élever et réjouir la pensée, telle doit être, en effet, l'œuvre primordiale de la science, à mesure qu'elle soumet la matière.

Ce n'est pas, hélas, ce que nous pouvons constater! Le résultat est tout autre. L'esprit est, plus que jamais, morfondu, enchaîné dans la matière, triste et maussade comme elle !

Comment ne pas regretter, dès lors, la décadence, la chute, la ruine de la philosophie, de la métaphysique surtout, si noble et si salutaire pour l'esprit, et, disons-le, pour le cœur?

O Philosophie, revis ! C'est le cri qui devrait remuer les hommes forts et énergiques, et qui devrait les pousser à exercer leur intelligence, leur savoir, toute leur activité, pour provoquer ce retour à la grande philosophie.

Oui, faisons revivre la philosophie. Qu'elle se développe majestueusement ! Que cet arbre s'étende en dimensions énormes et projette au

loin une ombre bienfaisante, où l'on trouve,
devant tous ces rayons d'une lumière malsaine,
qui dardent et échauffent les cerveaux, où l'on
trouve, disons-nous, le calme nécessaire à
l'éclosion des pensées les plus sages et les
plus nobles, source des actions les plus heu-
reuses et les plus utiles. Plus la philosophie se
développera, plus nous nous rapprocherons du
résultat si recherché, si poursuivi : la vérité!
Mais, pour la faire revivre, il faut connaître les
causes du mal qui l'a frappée. L'ignorance de
ces causes et du mal lui-même ne permettrait
pas d'en chercher le vrai remède. Nous voulons donc, autant que possible, bien découvrir
les causes de cette ruine.

CHAPITRE II

—

CAUSES DE RUINE.

___

Moyens de faire revivre la Philosophie

On dit que l'histoire se répète. L'histoire de
la philosophie nous montre que la pensée
tourne constamment dans le même cercle et se
répète sans cesse. Depuis ses premiers temps
jusqu'à nos jours ; depuis Thalès jusqu'aux
philosophes modernes, la philosophie a eu des
étapes identiques : la lutte trop passionnée de
l'idéalisme et de l'empirisme, dans l'antiquité,
du matérialisme et du spiritualisme, dans les
temps modernes, a toujours provoqué le scepticisme, ce scepticisme que Montaigne, au
XVIᵉ siècle, a élevé à la hauteur d'une véritable doctrine, et qui, dans la seconde moitié du
XIXᵉ siècle a profondément gagné les esprits.
Mais s'il s'appelait simplement le doute avec

Montaigne, à notre époque il se nomme le nihilisme.

Nous regrettons d'avoir à le constater. Après la grande Révolution que fomenta la négation hypocrite du XVIIIe siècle, en faisant découler le despotisme royal de la grande influence religieuse, l'opinion devenue plus calme, devint aussi plus pratique. Elle abandonna les recherches philosophiques. Les biens ma riels avaient seuls des charmes et un intérêt véritable pour elle. Ce fut immédiatement la voie ouverte au sensualisme. L'homme veut posséder et, dès qu'il possède, il veut jouir. Or, nous devons bien nous convaincre de ceci : le sensualisme ne peut être principe de la raison. Si celle-ci est impuissante souvent à affranchir l'homme d'un pareil esclavage, on la voit, du moins, réclamer pour elle-même une croyance qui la rassure et présente l'ombre d'un accord entre elle-même et le reste de la nature de l'homme. L'homme, en effet, a nécessairement besoin d'une certaine concordance entre sa raison et son instinct. Mais comme souvent celle qu'il éprouve, ou qu'il veut se donner, n'est pas la vraie, la réelle, alors naît au fond de lui-même cette tourmente qui l'étreint, le bouleverse et le fait déchoir. Encore une fois, le sensualisme peut satisfaire les passions, mais

il lui est impossible de dominer trop longtemps
la raison. Il fallait donc à l'homme une croyance
qui pût s'adapter à ses passions déchaînées et
qui répondît en même temps à son besoin de
savoir qui constitue le fond de sa nature. On
a spéculé sur ces besoins en lui enseignant les
réalités scientifiques. L'homme ne vit pas seulement de pain, mais aussi de savoir. On a
essayé de lui donner les deux : le pain et l'ins-
truction.

Dans un pareil état des esprits, au milieu
de ce développement d'une passion ardente et
excessive pour ce qui concerne les avantages
matériels et la jouissance, excluant totalement
la vie dans la pensée, le règne des matérialistes se leva rayonnant, accueilli avec faveur.
Les spiritualistes s'efforcèrent de donner encore des œuvres, où ils exprimaient, dans
des pages très touchantes, les beautés de
l'unique vérité, mais elles étaient sans force,
parce que le souffle de la métaphysique leur
faisait défaut ; elles demeurèrent sans succès.

Et la philosophie se mourait.

Une horde de barbares intellectuels fit
alors irruption dans le temple de la philosophie.

La pensée trouva en elle-même un antago-
niste redoutable, comme l'homme devient

pour lui-même un ennemi, bien plus souvent qu'il ne le croit.

On ne se contenta plus de dire : le surnaturel est-il possible ? Je ne sais pas.

On prêcha : il n'y a pas de surnaturel.

Je n'y crois pas.

Nous avons déjà exprimé qu'il fallait toujours à l'homme une croyance, l'on proclama une doctrine nouvelle : le positivisme, prenant ce mot aux savants.

L'aberration des esprits, aveuglés par la passion, donne vraiment un peu trop d'audace !

Les savants avaient employé ce mot de positif pour bien spécifier qu'il ne faut accepter comme vérités scientifiques que les faits donnés par la vraie science, afin de distinguer celle-ci de la science idéale, science du rêve et de la maladie. Par contre, les pseudo-scientifiques, auxquels est dû ce positivisme, ont ainsi qualifié rêve, maladie : la véritable pensée libre.

C'était par suite l'anarchie dans l'opinion qu'ils déchaînaient, confondant et démolissant toutes choses.

Voilà la liberté nouvelle, que nous avons déjà relevée et nommée : le nihilisme.

Les pseudo-scientifiques parlent au nom de la science et les vrais savants les condamnent; ils se font les maîtres de la philosophie, et celle-

ci n'est plus qu'un vain mot, ou plutôt le sou-
venir de la liberté de la pensée.

Nous ne connaissons la matière que telle
que nous la comprenons. Les seules vérités
sont donc, pour nous, celles que nous montre
et nous affirme notre raison sagement libre et
travailleuse. N'est-il pas vrai de conclure que
ce sont les penseurs positivistes, (ces mots
jurent) qui ont détruit le vrai, le réel, le positif?

*
* *

Mais attachons-nous à établir, d'une façon
plus précise encore, ce qui a donné accès à une
pareille doctrine : le positivisme ; c'est d'elle
que découlent toutes ces infâmes et hideuses
théories qui courent le monde, le minent, le
perdent, le désolent. C'est elle, qui comme un
gaz délétère, a vicié les intelligences, après avoir
provoqué cette ruine de la philosophie.

Ce qui fit donc éclore le positivisme, ainsi
que nous l'avons déjà posé, ce fut l'opposition
trop grande des deux principales écoles philosophiques : matérialisme et spiritualisme, qui
étaient demeurées les deux champions adver-
saires. Les partisans de l'une et de l'autre de
ces deux écoles apportaient, dans le développement de leurs systèmes, trop de passion,
trop d'animosité ; mais il faut le dire, à l'hon-

neur du spiritualisme et aussi à son avantage,
ce dernier y fut contraint, pour sa part, devant
les hardiesses, sans cesse croissantes, de son
redoutable ennemi. Il devait se défendre, et
il l'a fait, non seulement sans crainte, mais
avec courage, sûr de la supériorité, de la no-
blesse et de la grandeur de sa cause.

* *

Mais le matérialisme, devenu l'étude des
faits et des lois de la nature, devait fatalement
sortir du domaine de la philosophie, pour passer dans celui des sciences physiques et naturelles.

Obligés, d'abord, de demeurer campés sur
leur terrain propre, les spiritualistes n'ont pu
les suivre ; aussi, avec quel entrain, les matérialistes se donnèrent libre carrière dans
leurs affirmations, mais leur triomphe fut de
courte durée, sous cette forme : le matérialisme. Il trouva sa perte dans la science même.
Avec ses progrès, elle lui porta un rude
coup. L'esprit triomphait de la matière. Son
origine n'est pas en elle, pas plus que celle-ci
n'est éternelle. Le matérialisme voulut alors
se relever avec audace, que fit-il ? Il éluda les
questions qui le compromettaient désormais,
d'origine et de fin, sous prétexte qu'elles se

dérobent à l'expérience et dépassent notre intelligence. Ainsi le positivisme n'est que le matérialisme sous un mot nouveau, l'esprit n'ayant pas changé, et cette nouvelle évolution du matérialisme n'est due qu'à une défaite de cette école. Mais, chose étrange, elle osa encore se prévaloir de la science et c'est ainsi qu'elle s'intitula prétentieusement: Positivisme. Il est vrai qu'elle ne peut exister sans la forme scientifique. Cependant, cette fois, de même qu'elle dut se travestir elle-même, elle n'hésite pas à dénaturer la science. Nous avons déjà dit que la vraie science la repousse du pied. Aussi, du jour où naquit le positivisme, les spiritualistes ont essayé de reprendre la défensive. Et actuellement, ils saisissent, corps à corps, la matière et ses admirateurs, décidés enfin à abandonner les régions du pur raisonnement pour passer dans le domaine des faits. Il en est temps. Le spiritualisme a, en effet, tout intérêt à se baser sur les résultats scientifiques, mais tout ne se borne pas à soutenir, avec les matérialistes, un débat sur les faits scientifiques. Il faut que le spiritualiste sache encore remonter de ces faits vers la sphère de la pensée, souverainement libre et dégagée de la matière. Et nous sommes bien convaincu que plus l'on descend dans les profondeurs de la matière, mieux l'on remonte vers la lumière supérieure qui éclaire notre raison.

Oui, la philosophie ne doit pas être engloutie dans les sciences. Elle doit reprendre son auréole de reine, en reprenant son rang de première des sciences. Car que l'on prétende qu'elle est une science elle-même, rien de plus naturel, mais c'est un tort bien grave de vouloir en faire l'une des diverses sciences. Elle est une science d'ordre supérieur et toutes les questions qui font l'objet des différentes sciences l'intéressent ; elle ne peut donc omettre de prendre connaissance des faits scientifiques, après en avoir fait un choix judicieux. Il est inutile de répéter que ce choix judicieux ne peut porter que sur la vraie science et non pas sur celle qui ne tient aucun compte elle-même des faits, et qui se condamne aux hypothèses extravagantes et improductives. Ainsi, nous ne pouvons encourir le reproche d'obscurantisme, puisque nous établissons en premier lieu la liberté d'opinion, reconnue au philosophe, en présence des questions purement scientifiques. Mais ces faits doivent être le point de départ de son observation et de son expérience propres, qui revêtent un caractère d'ordre plus intime et qui appartiennent davantage à la raison. Chez l'homme n'y a-t-il pas à considérer sens et raison ? La puissance de celle-ci domine celle de la matière.

La philosophie est donc aussi une science d'expérience et d'observation, mais plus achevée et plus définitive. Elle est même pratique, c'est-à-dire d'intérêt pratique, par une connaissance plus précise et plus solide des choses et de l'homme : direction de la vie, bonheur de l'homme.

.·.

Après ce que nous venons d'exposer, voici ce qu'il est vrai de dire : le matérialisme et le spiritualisme ont beaucoup à s'accorder, s'ils ne veulent pas être rejetés tous deux comme d'égales faussetés.

Puisque le matérialisme est venu se fonder sur la science et que le spiritualisme a été contraint à son tour de s'appuyer sur elle, des concessions s'imposent logiquement de part et d'autre. Ajoutons immédiatement que nous ne voulons pas par là préconiser le système des concessions, dans toutes les discussions et argumentations. Voir le rapprochement complet se produire, ne serait-ce pas demander l'impossible ?

Toute autre conviction serait absurde. L'intérêt même de la philosophie s'y oppose, et par suite de l'homme. De vouloir faire rentrer une école dans l'autre, ne serait-ce pas courir à un danger fort grave : la conclusion pouvant être, en effet, une erreur générale ? Ce ne serait plus la ruine de la philosophie que nous aurions à déplorer, mais sa fin ; et par là-même la banqueroute réelle de la science

Tout ou moins, cette dernière s'accommoderait d'un trop peu obtenu sans trop de peine. Il est certain que la philosophie est l'impulsion aux recherches prolongées et sérieusement poursuivies, qui nous fournissent les découvertes les plus éclatantes et les plus sûres. Il faut donc, de toute nécessité, faire revivre et aimer la philosophie.

D'autre part, puisque le matérialisme et le spiritualisme doivent se baser sur la science, celle-ci leur crée une obligation : reconnaître, tous deux, les faits qui s'imposent par la démonstration qu'elle leur donne. Or, d'une façon générale, voici ce qui résulte des démonstrations que la science nous fournit actuellement :

Pour le spiritualiste, admettre que la matière, considérée dans l'ensemble des propriétés qu'elle possède, avait en elle-même une puissance de perfectionnement, dont nous pouvons constater le résultat définitif, en admirant la constitution actuelle de l'univers. Pour le matérialisme, ne plus qualifier d'erronées les questions de substance et de cause, à moins de mau-

vaise foi et d'obstination ; se soumettre à la
nécessité de la création, de l'existence de Dieu
et du caractère immortel de l'homme.

* *

Mais n'est-ce pas un fait très réel que certains
esprits, on peut dire peut-être la généralité,
sont fort peu satisfaits des choses évidentes ?
Les axiomes ne passionnent pas, en effet. Ce
sont les problèmes et la recherche de leurs solutions qui gagnent ces esprits. L'homme tombe
trop souvent, en vérité, dans l'inconséquence.

Sous prétexte qu'on ne doit accorder sa
croyance qu'à bon escient, ceux qui s'enrôlent
sous la bannière positiviste deviennent les plus
facilement crédules à l'égard de tous les enseignements les plus hypothétiques.

Décidément, il fallait l'ombre aux vérités fondamentales qui sont l'essence du tout !.......

Voici qui est mieux démontré que ne saurait
le faire la plus puissante argumentation : la
foi est la grande nécessité, chez l'homme, et sa
grande vertu.

Ne nous arrêtons pas à cette vérité, ou plutôt, complétons-la.

La curiosité est le trait saillant de notre esprit. C'est elle qui mène l'homme. A la curiosité
s'ajoute un autre caractère : l'homme veut pos-

séder la vérité ; c'est pourquoi la science exerce
sur lui un effet irrésistible. Le satisfait-il ? Elle
en est impuissante. Mais l'homme ne sait pas
se connaître ; et ainsi, il n'arrive pas à démêler
la vraie raison de ces deux besoins et à saisir
qu'ils découlent de deux principes différents ;
l'un matériel, l'autre transcendant.

L'homme ne sait pas se connaître. Le matérialisme est la conséquence de cet état.

Nous verrons dans la suite sur quoi porte cette
connaissance et jusqu'où elle s'étend.

Le matérialiste s'ignore donc lui-même, et,
malgré ses prétentions, il se trompe par suite
sur la matière ; car, en exagérant sa propre
puissance, il augmente au centuple celle de la
matière, au point de ne plus rien voir qu'elle.

C'est pourquoi nous disions que le spiritualiste doit applaudir chaleureusement et de tout
cœur, toutes les fois que la science recule les
bornes de notre savoir devant l'œuvre de la
matière.

Plus loin encore, et toujours plus loin, tel
doit être son cri. Il peut le faire et il doit le
faire. C'est l'intérêt de l'homme de constater la
limite de la matière et des sens, et comme ceux-
ci sont le perfectionnement le plus achevé de la
matière, dans son élévation, la limite de leur
puissance sera celle-même de la matière.

La victoire du spiritualisme sur le matérialisme est, à ce prix, certaine. Car il ressortira,
d'une façon bien claire, qu'au-dessus de la matière est une force supérieure qui ne provient
pas de celle-ci, mais qui descend à elle, nous
avons nommé la pensée.

Par suite, l'importance capitale de la question
d'origine et de fin éclatera et cette question est
du domaine de la philosophie, nullement des
sciences. C'est à la philosophie, en effet, qu'il
appartient de faire dominer les principes,
comme celui de causalité, qui conduit à la cause
première, à la cause sans cause, au moteur im-
mobile, sans lequel la contingence demeure
sans explication.

Pour le moment, revenons sur ces deux points
que nous avons indiqués plus haut. Le besoin
de croire et celui de savoir, qui sont comme les
deux pôles entre lesquels notre esprit vacille.

C'est la question, toujours brûlante, sur laquelle matérialistes et spiritualistes portent
toute leur attention, et sur laquelle se livrent
leurs plus terribles assauts ; la question qui a
beaucoup trop divisé les esprits, savants et
hommes du monde : les sciences et la religion.

CHAPITRE III

—

Les Sciences et la Religion

Le progrès des sciences n'est-il pas l'abîme ouvert sous les pas de la religion ? N'est-il pas prêt de devenir son tombeau ? Les matérialistes athées l'affirment du moins, quand ils proclament que les sciences démontrent chaque jour davantage que la religion est un tissu de superstitions. Pour donner plus de force à leur affirmation, ils ajoutent : c'est pourquoi la religion combat les sciences. Nous avons alors la question précédente modifiée dans ses termes : la religion n'est-elle pas l'ennemie des sciences, surtout de leur liberté ? Quel préjugé funeste ! Et ils sont nombreux ceux qui la regardent, en effet, comme l'obstacle radical à la civilisation qu'ils veulent fonder ; ils sont nombreux ceux qui redisent le mot d'Edgard Quinet : « Quand je m'élance vers l'avenir, je me brise bien vite contre cette muraille ; nulle liberté, nulle vérité, nul développement possible avec la vieille religion. »

Des auteurs éminents ont fait justice de l'inanité de pareilles thèses.

Mais c'est un devoir pour tous d'en dire quelques mots, toutes les fois que le sujet que l'on traite en fournit l'occasion. Les esprits ont été trop gagnés à cette croyance que « plus l'on avance dans les sciences » plus l'on trouve « des preuves » irréfutables que Dieu et l'âme sont des chimères. Et c'est pourtant la plus grossière des erreurs qui naissent des passions. Et d'abord, « s'avancer dans les sciences », dans le sens de marche progressive des sciences ; il est incontestable que ces progrès des sciences démontrent avec plus de force, au contraire, combien notre ignorance est bien grande encore ; c'est par le développement même qu'ils leur donnent, en effet, que les savants entrevoient sans cesse bien des choses, qui leur font constater l'insuffisance de ce qu'ils possèdent.

C'est pourquoi ceux-ci s'acharnent, non pas, comme le soutiennent les matérialistes, à avoir raison de ces mystères de la matière, dans la conviction, que le tout, c'est elle-même ; mais leur acharnement porte sur cette insuffisance à comprendre et à connaître ; en d'autres termes, ils ne veulent pas nier ce qui ne tombe pas sous nos sens, mais se convaincre de la réalité de ce que les sens ne sauraient nous traduire.

3

Voilà la vraie science, voilà les travaux et les luttes des savants, et voilà ce qui fait, grâce à cette soumission, la puissance, la force, la vraie liberté de la pensée, car la pensée est essentiellement affirmative. Les savants sont des croyants. Et nous arrivons alors au second sens de ces mots : « avancer dans la science », plus l'on approfondit les sciences, plus la foi augmente. Il n'y a qu'à relever les noms des plus illustres, et la vérité de cette pensée, si connue de Biot, éclate : « un peu de science éloigne de Dieu, beaucoup de science en rapproche », pensée déjà énoncée par Bacon, au XVIe siècle : « leves gustus in philosophia naturali movere fortasse ad atheismum sed pleniores haustum ad religionem reducere ».

Et pourquoi ne pas nous rappeler aussi ce mot de Pasteur, mot bien touchant par sa vérité, si simplement exprimée : « Toutes mes études, disait-il un jour, m'ont amené à avoir la foi du paysan breton. Si j'avais étudié plus encore « j'aurais la foi de la paysanne bretonne ».

Oui, combien chrétiens, et même la plupart foncièrement catholiques sont les vrais savants ! La liste est bien longue de ces noms dont s'enorgueillissent à juste titre l'histoire et la science. Citons les plus connus, ceux dont la gloire a entouré leur génie de son auréole : Kléper, Newton (1), Copernic, Galilée (2), Euler, Chevreuil, Linné, Cuvier, Liebig, Faraday, Ampère, Secchi, Dumas, Biot, Leverrier, Pasteur, et nommons enfin Cauchy dont cette belle profession de foi est celle de tous :

« Je suis chrétien avec tous les grands astronomes, avec tous les grands physiciens, et tous les géomètres des siècles passés. Je suis même catholique avec la plupart d'entre eux, et si l'on m'en demandait la raison, je la donnerais volontiers. On verrait que mes convictions sont le résultat, non de préjugés de naissance, mais d'un examen approfondi ».

Mais même parmi les demi-scientifiques, où sont les vrais athées ? L'athéisme n'est que la négation de notre pensée elle-même, par conséquent l'esclavage des sens. Ces athées sont, le mot est très connu, des esprits forts. Or, il y a

(1) Newton levait son chapeau, par respect, chaque fois qu'il prononçait le nom de Dieu.

(2) Galilée, cet homme, qui par une audace merveilleuse s'était élancé de la terre au ciel, et avait arrêté le vieux mouvement du soleil, pour l'imprimer à la terre, cet homme nous dit : lisez mon messager sidéral : j'ai avoué qu'à l'aide de la grâce divine, j'ai obtenu des lumières plus grandes et plus puissantes qu'avec mon télescope ; ma dispute avec les consulteurs du Saint-Office ? mais question de physique et non de vie éternelle.

plus d'ignorance qu'on ne le croit communément
à l'être. Il conviendrait mieux néanmoins de
dire de forts-en-gueule, pour accorder tout le
respect que l'on doit à l'esprit, même en présence de ses erreurs, ses confusions et ses dé-
faillances. Il ne doit jamais recevoir une pareille qualification, de « fort » ; elle rappelle
trop un certain liquide, extrait du vin, ce produit réconfortant de la vigne, que le Seigneur
offrit en présent à l'homme. Notre esprit s'élève
naturellement au « divin » par les aspirations
qui sont en lui. Tant pis pour ceux qui cherchent
leurs inspirations au fond du verre, que ce soi
une cornue remplie d'une composition chimique,
ou comme ce désolé au fond d'un verre d'alcool !

« Je voudrais, dit de Maistre, pouvoir dire
« comme Montaigne : « l'homme se pipe » car
« c'est le véritable mot. Oui, sans doute, l'homme
« se pipe ; il est dupe de lui-même ; il prend les
« sophismes de son cœur naturellement rebelle
« (hélas ! rien n'est plus certain) pour les doutes
« réels nés dans son entendement. Si quelque-
« fois la superstition croit de croire comme on
« le lui a reproché ; plus souvent encore,
« soyez-en-sûrs, l'orgueil croit ne pas croire.
« C'est toujours l'homme qui se pipe ; mais dans
« le second cas, c'est bien pire. »

Il suffit de pénétrer assez avant dans la science, pour se convaincre de l'existence d'un Dieu créateur, et avec le charbonnier l'on jette plus sincèrement ce cri : je crois.

Il n'est pas moins évident que la croyance à la révélation s'impose, c'est-à-dire à la tradition biblique et même orale. La raison, par ses seules forces, ne saurait découvrir le mode de création suivi par le créateur et la date de son œuvre. Nous voici donc à l'acte de foi. Les sciences viennent après, avec mission de rechercher par l'observation et le raisonnement, aidé de l'expérience, la preuve de ce que la Révélation nous enseigne, dans la mesure possible de nos forces. La Révélation ? Oui, vraiment, sans cela il faudrait accorder à Moïse une puissance de conception, qui dépasserait celle des plus grands savants de nos temps modernes ; la différence qui existe entre l'homme et le singe presque ! Et nous oserions parler de notre progrès, des richesses de notre savoir, devant une infériorité aussi marquée ?.... Si un homme de l'époque mosaïque reparaissait sur notre planète vieillie, pour considérer les beautés scientifiques excessivement remarquables et bien nouvelles que nous sommes ravis de contempler, dans une extase qui nous détache du Ciel, ah ! sans doute notre fierté que nous chatouillons si volontiers

ferait place immédiatement à la plus affligeante
mortification ; car s'il nous demandait ce que
l'intelligence a pu poser de certain sur la matière et l'homme, nous ne pourrions répondre
que ce seul mot qui sortirait comme un faible
souffle d'une bouche mourante : rien !...

Nous sommes tenu à une observation et
nous ouvrons une parenthèse : pourquoi repro-
cher aux commentateurs, aux Exégètes anciens,
d'avoir expliqué le texte de la Bible, d'après les
données de la science à leur époque ? En bonne
justice, le pouvons-nous ? Autant faire un tort à
toute l'antiquité de n'avoir pas su effectuer
toutes ces découvertes qui font notre gloire et
notre orgueil ! Le reproche nous revient, le tort
est le nôtre, nous qui savons et ne voulons nullement accorder notre bonne foi, qui, loin de comparer et d'accepter ensuite l'explication qui s'impose, voulons la combattre, et nous rendons
ainsi incapables de raisonnement sérieux,
nous livrant à la contradiction la plus flagrante ;
qui voulons monter sur notre socle d'honneur,
et qui retombons encore plus dans la poussière,
dans la boue ; qui ne voulons plus rien du cœur
et morfondons notre raison !

La révélation ? Nous pouvons constater chaque
jour, combien la science, la science vraie, dans
ses découvertes sérieuses confirme la Bible.

La Révélation ? Elle n'empêche pas du tout les progrès de la science, c'est encore la réponse aux matérialistes, qui soutiennent la nécessité d'affranchir les esprits de la superstition, afin, disent-ils, que les sciences travaillent mieux et se développent dans de meilleures conditions. On ne craint pas, en effet, de proclamer : « l'incrédulité, c'est le premier pas vers la science. » Cette déclaration vient donc un peu trop tard et elle n'est pas la vraie science, qui sait ce qu'elle doit de reconnaissance à la révélation, comme le vrai savant sait que tout a été fait par Dieu, dont il est lui-même la créature. Aux matérialistes, l'ingratitude.

La Foi ? Les vérités de la Foi ? Et si nous étions privés de ces conceptions, dit Pasteur, les sciences y perdraient cette grandeur qu'elles tirent de leurs rapports secrets avec les vérités infinies. » Et il ajoute : « Je me demande au nom de quelle découverte on peut arracher de l'âme humaine ces hautes préoccupations. »

Mais remarquons enfin que le matérialisme est soutenu par les demi-scientifiques — comme aux abois, — recherchant plutôt une vaine gloriole, un profit propre, que l'intérêt de la vérité et de l'homme ; sans parler de la masse — pecus, — qui suit au hasard, vrais moutons de

Panurge, parce qu'une simple lecture ou l'audition de quelque discours . — dans certains clubs, — les ont persuadés que la vérité est là.

Si l'on ne veut reconnaître que la foi a favorisé les sciences, on est du moins obligé de constater qu'elle ne les a pas enchaînées, et comme nous l'avons dit, que ce sont des hommes très croyants qui les ont enrichies des plus grandes découvertes. Ce ne serait pas, après cette expérience toute faite, que l'on pourrait admettre que la foi est un obstacle à nos progrès ?

Pourquoi donc se servent-ils des découvertes de ces grands génies ? Si elles sont insuffisantes, qu'ils nous donnent toute la vérité.

Mais comment pourraient-ils cacher leur impuissance ? Il leur faut même l'avouer. Cet aveu ressort de leurs conclusions : les progrès assez nombreux de la science nous permettent déjà de prévoir que, dans l'avenir, elle nous dévoilera complètement que Dieu et l'âme sont des chimères !

Et les maîtres éminents répondent : il nous est impossible de ne pas déclarer hautement l'existence de Dieu et de l'âme.

CHAPITRE IV

LES SCIENCES ET LA PHILOSOPHIE

Nous avons insisté un peu longuement sur cette question de la religion et des sciences, parce qu'elle est bien importante, capitale. Nous ne sommes pas sortis, du reste, de notre thème. Si les sciences ont causé la chute de la philosophie, c'est d'abord, sous la forme philosophique, que la besogne contre la foi a été entreprise. La peine du talion.

Les fougueux athées qui avaient usurpé le titre de philosophes, pour mieux gagner la confiance des esprits, avaient mis aux prises la raison et la foi. La philosophie devait forcément en pâtir, c'est-à-dire la raison elle-même, car on lui prêtait des principes contraires à sa nature.

Bien plus, en prêchant leurs désastreuses théories, au nom de la philosophie, ils devenaient ses contempteurs, ne respectant ni son passé de gloire, ni les génies qui l'avaient portée à son apogée, en élevant la pensée à la libre démonstration de sa puissance immatérielle. C'était établir, vraiment, que ces véritables et profonds penseurs ne devaient leur puissant enseignement qu'à la révélation, et que la pensée était, par conséquent, soumise à des lois dictées ; qu'il fallait l'affranchir.

Et actuellement, que réclame-t-on pour cela ? nous amener uniquement à l'observation de la nature, des phénomènes extérieurs.

Aristote aurait en vain accompli la réforme qui lui a valu son rang parmi les princes de la pensée libre ! Car c'est éviter que l'homme se connaisse lui-même. Ne voyant que matière en lui et autour de lui, il ne peut se connaître qu'à demi, et même dans sa moindre expression.

Le jeu des apparences dans le commerce des hommes, n'est-il pas une monstruosité, mais qui, pour être connue, n'en fait pas moins de nombreuses victimes : ceux qui y recourent et ceux qui s'y laissent prendre ?

La force des apparences dans le jeu de la nature est toujours désastreuse. C'est pourquoi, disons-le encore, rien n'est plus à souhaiter que les sciences effectuent les plus sérieux progrès. La métaphysique y trouvera plus de force. Faire de la métaphysique ne veut pas dire spécialement, traiter la question du surnaturel

comme une chose seulement possible, ne ser-
vant qu'à simplifier la question d'origine et de
fin. Elle traite du réel, que nous pouvons atteindre en partant de la connaissance de
l'homme, après l'observation de la nature. C'est
donc une question de fait qui tombe dans le
domaine du témoignage, et n'échappe pas aux
vérifications de la critique.

On restreint, on limite la métaphysique, et
ensuite on la repousse au-delà des bornes de
nos connaissances possibles. Pourquoi ? Pour
avoir le droit de la rejeter.

Son nom nous dit qu'elle vient après la
physique. Or, pourquoi ne recevrions-nous
que les enseignements de cette dernière ? La
physique, c'est l'observation, c'est l'expérience.

La métaphysique doit mettre à profit les
résultats de ses recherches faites sur la
puissance de la matière, insuffisantes pour
arriver à percevoir la vérité.

La physique ne peut donner toujours qu'une
demi-connaissance. La physique est née du besoin d'expliquer les lois de la nature. La métaphysique de celui de comprendre la raison
de ces lois et de cette nature.

En un mot, le Comment appelait le Pourquoi.

Mais que veut dire, dans la bouche de nos matérialistes contemporains, ce mot : la Science?

Un certain commerce avec eux ne tarde pas à nous faire saisir sa signification et sa valeur. Sa signification est celle-ci : du nouveau ! Il n'en a pas d'autre. Sa valeur est celle d'une œuvre frivole et mensongère. Du nouveau toujours ! Voici, en réalité, la seule expression où viennent se réduire toutes les prétentions criardes de ce pompeux savoir, de cet appareil scientifique. Le positivisme a beau vouloir se cacher, dans toutes ses manifestations, sous le masque, — qu'il croit de fer, et qui n'est qu'un simple voile de gaze — le masque donc des vérités renfermées dans les démonstrations scientifiques, mais ses prétentions hypocrites sont facilement découvertes.

Du nouveau ! c'est absolument le même cri, sans plus d'importance, que celui poussé plus ouvertement, et qui, à raison de cela, exprime peut-être des résultats vrais ; le même cri, disons-nous, que celui retrouvé dans les chroniques mondaines et les journaux de modes : du nouveau !

Est-ce sérieux de leur part ? Mais pourquoi s'en étonner ? Il n'y a qu'à voir leur but. Ils l'avouent eux-mêmes avec un cynisme révoltant : l'espoir de détruire les vieilles croyances du passé.

Rompre avec le passé ! n'est-ce pas détruire

une partie de nous-mêmes ? Nous voulons dire :
arracher à notre pensée une grande partie de
sa puissance, de sa force, en rejetant toutes ces
richesses, tout ce trésor que ce passé nous a
légués ? Et n'est-ce pas une ingratitude mons-
trueuse ? Pour le positivisme, c'est aussi une
contradiction très malheureuse, puisqu'il ne
devrait voir dans notre grand savoir qu'une
construction réalisée avec tous les matériaux,
produits à travers tous les siècles précédents ;
un progrès matériel même pour notre pensée.

Nous admettons que le besoin du nouveau,
sous toutes ses formes, soit naturel à l'homme.
Mais nous prétendons que la satisfaction qui lui
est accordée ici est tout à fait inconsidérée de
la part de certains esprits, car elle est très
fâcheuse dans ses résultats : elle devient une
injure pour notre raison, en même temps qu'elle
émousse la volonté et retire à la liberté son vrai
caractère ; semblable en ceci, à toutes ces concessions faites imprudemment à tant d'autres
besoins ; et les besoins naissent à plaisir l'un
de l'autre, chez l'homme ; au point que, s'il
s'écoute, chaque désir peut devenir un besoin.
La satisfaction, que nous envisageons, est
même la plus grave, car elle peut exercer une
influence trop étendue et favoriser ainsi toutes
les autres, qui, du moins, demeurent plus per-

sonnelles, plus particulières en quelque sorte.

C'est bien lentement, plutôt, et avec quelque crainte que les sciences devraient aller au nouveau. Nous serions ainsi toujours plus près des vérités que nous poursuivons.

« Rien ne sert de courir, il faut partir à point. »

Et pour les matérialistes, il ne s'agit pas de bien faire, mais de faire vite. Ils n'ont garde de ce mot de Bacon : « Un boiteux sur la bonne route arrive plus vite au but qu'un agile coureur hors du droit chemin. »

Des opinions aussi opposées sont peut-être nécessaires, et leur apparition est indispensable, pour mieux faire éclater le vrai, le bien, le juste ! Nous voulons le croire. Mais la conséquence de cette hâte quelle est-elle ? Trop d'esprits reculent plus encore dans l'erreur...... et loin de la vérité ! Et voilà ce qui est regrettable.

En outre, dans cette marche précipitée, qui fait que l'on devance la vraie science, que l'on parle, que l'on affirme avant elle bien des choses, qu'elle va rejeter, à la honte de ces amateurs de l'extravagance, on oublie même que nous nous trouvons en présence d'un nombre joliment considérable de sciences; et, tandis que, d'une part, l'on dit encore *la science*, comme à l'origine de notre histoire philosophique, où toutes les sciences n'en formaient qu'une et où ceux qu'on appelait les sages cherchaient la science universelle ; d'autre part, les sages de nos jours, à l'instar des alchimistes, si célèbres, à la recherche de la pierre philosophale, s'acharnent, par contre, à la poursuite de l'unique formule, capable de renfermer toute l'explication de la matière, des phénomènes, du monde, de l'homme.

Le tout, c'est l'atome, et c'est la cellule, voilà qui est affirmé. Mais le principe éternel du tourbillon vital ? on le cherche partout, — et, contraste frappant ! — les sciences, qui se trouvaient déjà en nombre si considérable, continuent à se subdiviser encore !

Les résultats scientifiques, qui flattent si bien les positivistes et leur font gagner des adeptes, semblent nous montrer, dès lors, que le moment est assez proche, où la science, qui signifie l'explication des faits et la découverte des lois de ces faits, deviendra l'affirmation de l'inanité du tout matériel en face de la vérité éternelle qui se pose devant l'homme.

Le matérialiste viendra-t-il mettre sa main dans celle du spiritualiste, et tomber avec lui en adoration devant ce qu'il s'obstine encore à repousser ? Brûlera-t-il tout ce qui a fait son incrédulité jusque-là et son vain espoir,

dans le feu de l'unique espérance, et du seul
amour pour la vérité suprême ?

Certains penseurs en sont persuadé.

Mais l'erreur doit régner autant que les passions.

Les démonstrations de la vraie science con-
firment, voilà ce qui est vrai, l'enseignement
de la tradition. Et l'homme se sera tourmenté
en vain pour arriver à la seule vérité : un centre
qui est la raison de tout : vérité ou centre qu'il
lui a été donné de pressentir ou mieux de sentir,
mais qu'il lui est impossible de découvrir sous
la forme, où la réclame sa pensée tournée vers
l'erreur ! Désirant ainsi ce qu'il ne peut obtenir,
il s'attarde à chercher ce qui s'offre à sa pensée,
si elle est capable de commander à sa volonté
et à sa liberté...

Et l'homme serait, comme ce fleuve qui, dans
son long cours, ne reconnaît plus, au milieu
de sa course, son point de départ ou sa
source, et ne découvrirait pas son point d'arrivée, sa fin ; ou du moins, qui ne verrait plus
que deux points assez rapprochés, comme étant
l'un, celui de sa source, l'autre, celui de sa fin,
ou même encore, qui dans son long parcours
ne verrait que des points actuels ! Incapable,
donc, d'embrasser, *dans sa vue*, toute l'eau
épandue partout, sous ses diverses formes :

fleuves, mers, océans! Et de même, l'homme
ne saurait découvrir au milieu de ses connaissances, si diverses et si multiples, l'origine et
la fin de tout et les siennes propres!

Si l'homme se rendait capable du vrai savoir,
de la première sagesse, il percevrait la réalité,
c'est-à-dire le permanent, l'immuable, l'éternel
qui est la raison et la fin de ces réalités, appa-
rentes, changeantes, diverses et périssables.

* * *

Nous avons dit que la science est l'explication des faits, la découverte des lois des faits.
Aristote l'a définie : la recherche du général et
des causes. Cette définition est dépassée par
celle de la philosophie, qui est la recherche des
causes premières et des premiers principes, et
qui, par conséquent, est de son vrai nom « la
science des sciences ».

La philosophie doit donc être rigoureuse et
sévère dans l'examen des résultats de la science.
Autant que possible, rien ne doit lui échapper
de tout ce qui intéresse chacune des questions
dont elle cherche la solution. Elle ne doit rien
négliger, rien omettre, mais s'attacher, au contraire, aux moindres détails. L'affirmation qui
lui revient, pour ainsi dire, en dernier ressort,
ne lui est possible qu'à ce prix.

4

La science observe les faits, les contrôle par l'expérience, avec épreuve et contre-épreuve, pose des principes, et établit des lois.

A la philosophie de remonter des conclusions de la science à la recherche de la raison première.

La science travaille par l'observation et l'expérience, aidée du raisonnement. Elle s'arrête aux limites de la nature, visible, ou posée avec plus d'étendue par le calcul ; mais on appelle déjà cette seconde partie de son travail : l'abstrait. Et cependant, n'est-ce pas encore le concret, dévoilé dans tout son développement ? Ce mot abstrait revêt donc, ici, un sens abusif. L'abstrait est, pour employer cette expression, l'insaisissable par la démonstration expérimentale autant que par le calcul. L'hypothèse est, dès lors, privée, chez lui, de ses deux moyens efficaces de résultat.

Pour atteindre cet abstrait, l'essence même des choses, qui nous échappe complètement, la philosophie doit revenir au plus simple, dans son raisonnement.

En effet, la philosophie ne craint pas de poser certaines propositions auxquelles, dans la langue courante, on attribue la qualification, que nous nous permettons de citer telle quelle : vérités de la Palisse, ce qui veut dire vérités oiseuses et même ridicules.

La vérité se réclame de la certitude. Et la philosophie sait que la certitude n'échappe que trop facilement à l'esprit de l'homme. Or, pour la découvrir, elle a bien soin de se prémunir précédemment contre l'erreur qui se présente, bien souvent, sous les dehors, sous les apparences du vrai. Ce qui est à redouter, en effet, ce n'est pas l'erreur toute nue, l'erreur absolue, qui n'existe pas, avec ce caractère ; mais si le vrai peut souvent ne pas paraître vraisemblable, ce dernier, plus souvent encore, est pris pour la vérité. Découvrir la certitude dans le vraisemblable et dans le faux lui-même, c'est là que réside la mesure de la sagesse, de la philosophie.

Aussi, toutes les démonstrations, tous les principes, toutes les lois, toutes les propositions même, que la science lui fournit, elle doit les examiner à la loupe et les étudier sous toutes ses faces. Car, redisons-le, il lui appartient de donner une conclusion à la science, dont elle est le couronnement, en même temps qu'elle devient l'élévation au supra-sensible.

La question de la direction de la vie, c'est donc la philosophie qui peut aider à la fixer, et non la science.

Mais la philosophie elle-même se garde bien
de nous présenter toutes les solutions qu'elle
donne, même après ces mille précautions,
comme la vérité nécessaire. De fait, elle n'est pas
imbue des prétentions stériles, qui constituent
le positivisme, et elle ne se charge nullement
de nous donner la formule définitive, capable
d'asseoir inébranlablement notre conviction et
notre foi. C'est pourquoi ces diverses solutions
de la philosophie restent toujours pendantes.
De là ces systèmes, de là ces écoles, dont
la plus triste celle du doute. Je ne sais. Le
doute doit être l'impulsion aux recherches,
et non pas servir de manteau, sous lequel
on vient se blottir, dans l'obscurité et l'apathie.
L'esprit doit se mettre en garde contre les nombreuses déceptions qui peuvent venir l'assaillir,
et cette disposition à n'admettre un fait qu'autant
qu'il offre toutes les garanties exigées par la
raison la plus sévère, est ce que nous appellerons
le doute méthodique ; non ce scepticisme qui
rejette tout comme également faux, mais ce
doute raisonnable, proposé par Descartes, et
qui consiste à ne rien croire dont on ne se soit,
le plus exactement possible, rendu compte. Ce
scepticisme n'est plus le doute absolu, mais un
doute examinateur. En définitive, disons que la
philosophie doit faire tous ses efforts pour ré-

soudre la question de l'essence des choses et
du supra-sensible, au mieux de notre raison,
puis s'abandonner à la lumière resplendissante
de la foi. « La religion, dit Maine de Biran, ré-
sout seule les problèmes que la philosophie pose.

DEUXIÈME PARTIE

COSMOS ET MICROCOSME.

Origine du Cosmos. — La Matière. — Matière Organique et Inorganique. — Le Transformisme. — Matière et Sensibilité, Matière et Mouvement. — Cerveau et Pensée.

CHAPITRE Ier

—

COSMOS ET MICROCOSME

L'homme, cette énigme inexplicable, s'é-
chappe à lui-même. De tout temps, il a voulu se
connaître, pour savoir ce qu'il est, ce qu'il doit
faire, ce qu'il va devenir. Mais, pour cela, il pro-
mène principalement son observation sur ses
semblables, sur la terre qui le porte et sur
les mondes environnants....... Entre la terre et
le ciel, voilà le vaste champ où l'homme se dé-
mène. Il regarde la terre, en baissant son
front, et quel rêve est alors dans sa pensée,
qui alourdit sa tête et assombrit son visage?
s'il la relève pour contempler le ciel, quel
désir est en lui, qui lui donne comme une impulsion et empreint un certain ravissement
dans sa physionomie?

Et c'est bien vers le ciel qu'il lève, de pré-
férence, ses yeux. La forme de son corps et sa
situation, par rapport à la terre et au ciel, s'ap-
proprient, d'ailleurs, admirablement à cet acte:

l'homme est droit, il porte sa tête haute ; de son regard il peut parcourir l'immensité des cieux pour y sonder ses profondeurs. La terre, au contraire, est trop près, sous ses pieds ; son œil la heurte vite, et elle demeure fermée à son besoin d'investigation. Sa pensée ne peut s'arrêter là ; il lui faut l'étendue incommensurable des sphères célestes, qui satisfait mieux le besoin d'infini qu'elle possède ; elle peut voler, courir tant et toujours, en présence de ces bornes qui fuient continuellement devant elle. La pensée semble, en effet, se qualifier d'elle-même : fille libre du Ciel.

Mais la terre, qui porte l'homme, qui est son escabeau, réclame ses droits ; elle le retient par des chaînes contre lesquelles celui-ci se heurte à chaque instant. En outre, s'il interroge, avec ravissement, l'espace sidéral, il y trouve, par contre, la réponse à ses prétentions exagérées; par ses aspirations, en effet, sa pensée veut aller sans cesse plus loin, mais elle rencontre une borne à elle-même, et le regard de l'homme, déçu, se baisse vers la terre.

A la suite de ces excursions, sans trouver nulle part, un centre où il puisse fixer sa pensée, asseoir sa confiance, sa certitude et sa foi, il dirige ses recherches sur l'homme, ou plutôt sur les autres hommes ; mais avec elles, il n'est pas plus heureux ; son observation vient se briser contre ce granit plus dur que la terre ou se fondre au contact de ce gaz plus fluide que l'air qui nous environne. Voudrait-il reporter sur lui-même son sérieux et profond examen ? La difficulté semble plus insurmontable encore. Et, comme l'homme, généralement, parmi tous les obstacles à surmonter, cherche toujours le moindre, il évite davantage de se mettre en présence de lui-même, ce qui fait qu'il lâche la proie pour l'ombre, c'est-à-dire qu'il abandonne son image vivante, réelle, pour se contempler dans cette psyché infidèle qu'est le monde extérieur.......

Mais ne serait-ce pas précisément à cause de ce miroir que nous avons constamment devant nous, et d'où nous ne pouvons éloigner notre regard, que la vue de nous-mêmes en nous-mêmes devient presqu'impossible ? Or, comment faire abstraction de ce qui nous entoure ? Si le fait est, du moins, possible à certains moments, il ne peut être continu. Disons immédiatement que ceci devient un avantage, car le monde extérieur est aussi nécessaire pour atteindre notre propre connaissance, sinon d'une manière parfaite, du moins très suffisante. A l'homme de savoir se rendre capable de ce double travail.......

Néanmoins, les hommes ont effectué divers essais, à travers les siècles, correspondant aux différents ordres d'observation que nous venons d'indiquer. Ces essais ont été les assises, qui ont servi à fonder les nombreuses sciences que nous possédons de nos jours. La Géologie et la Paléontologie essaient de lire dans la terre elle-même l'histoire de sa formation et de son origine, ainsi que celle de l'origine de l'homme ; cette dernière question se trouve encore plus spécifiée dans une science plus récente, l'anthropologie. L'astronomie cherche à découvrir, en même temps que le mouvement et la constitution des mondes, l'origine et la nature de l'univers. Nous savons déjà qu'elles ne peuvent nous donner des résultats certains que si elles ne sortent pas de leur domaine, et si elles demeurent fidèles à leurs méthodes. Quant à l'étude de la nature intime de l'homme, ses facultés supérieures, elle appartient à une partie de la philosophie : la psychologie. La physiologie nous révèle sa nature externe, correspondante à la constitution du corps et ses facultés inférieures ; mais, actuellement, l'anatomie, surtout avec la morphologie, jette un grand jour non seulement sur la description de toutes les parties de notre corps, mais même sur son fonctionnement.

CHAPITRE II

—

Origine du Cosmos. — La Nébuleuse. — Le Mouvement. — Puissance et Acte.

De toutes les questions indéfinies par leur nombre, autant que par leur portée, celle de l'origine du Cosmos demeure la primordiale, par son importance capitale, celle qui sollicite et fait naître toutes les autres. D'où vient l'univers ? a-t-il commencé ? Ou bien est-il éternel ?

Les positivistes ne veulent pas admettre le dogme de la création. C'est le mystère. Et ils n'en veulent pas. D'où vient donc l'univers ? La conception du monde, il ne faut pas se le dissimuler, revêt une gravité extraordinaire pour l'homme. Elle exerce une influence décisive dans la direction de sa vie. Littré lui-même, le chef du positivisme, nous dit : « Selon que « le monde est conçu, les esprits se règlent, « les mœurs se forment, les institutions se « groupent. » Bel espoir que nous donnaient ces mots ! Nous allions posséder l'hexaméron de son école. Espoir déçu !

Littré est venu nous dire ensuite : « Nous « ne savons rien sur la cause de l'univers et « des habitants qu'il renferme. Ce qu'on en « raconte ou imagine est idée, conjecture, ma- « nière de voir. La philosophie positiviste ne « s'occupe ni des commencements, ni de ce « qui arrive aux êtres vivants, plantes, hommes, « après leur mort, ou à la consommation « des siècles, s'il y a une consommation des « siècles. Permis à chacun de se figurer cela « comme il voudra. » C'est bien formel : le positivisme ne peut se prononcer sur la ques- tion d'origine et de fin, c'est contraire à sa mé- thode. Etrange façon de pouvoir régler les es- prits et former les mœurs ! Cependant, l'homme n'est jamais dispensé de logique.

Mais cette inconséquence du positivisme n'est pas la seule, et elle n'est pas la plus fâcheuse, puisqu'il ne sait pas garder complètement le si- lence qu'il s'est imposé lui-même, et il ajoute : « les lois naturelles, au lieu d'être des volontés providentielles, sont les propriétés imma- nentes de la nature. » Le tout, c'est donc la nature pour lui. Ces mots ne peuvent avoir d'autre signification. Or, d'où conclut-il ceci, lui qui ne peut rien affirmer touchant l'origine et la fin des choses, d'après son propre aveu ? Nous devons donc considérer comme nulle et non avenue sa négation de Dieu, qui est présentée dans des termes équivoques, qui semble revendiquer d'elle-même un caractère hypothétique, et se produire comme le simple mouvement du besoin senti d'une conclusion, capable de répondre à l'esprit qui le guide. Cette conclusion lui suffit, mais c'est toute l'erreur de ce système qui éclate avec elle.

Et c'est bien le positivisme, qui est la grande science, la seule qui ait le droit de nous enseigner le vrai, comme il nous le dit fièrement. C'est cette nouvelle école qui a conquis les esprits par ses belles promesses et c'est en elle qu'ils ont foi.

Elle prétend posséder le système d'éclairage le plus perfectionné, et il ne peut faire rejaillir cette lumière qui nous permettrait de diriger notre vie.

Nous ne pouvons connaître l'origine de l'univers, nous ne pouvons savoir la raison de toutes choses !......

Le poète latin aurait-il exprimé la même pensée en disant :

Beatus vir qui potuit rerum, cognoscere causas,.... ?

Et après tant de siècles, le positivisme, si em-

pressé à nous faire rejeter le « fiat lux »,
comme une vision due à la faiblesse de notre
esprit, à nous prévenir charitablement qu'il
est contraire aux lois de la raison de croire
à la révélation, vient ensuite nous enseigner
que nous n'avons rien non plus à espérer de
la part des sciences ; que géologie, paléontologie, astronomie ne peuvent nous présenter
sur cette question que de pures hypothèses.
L'origine de l'univers ne peut être scienti-
fiquement connue. Nous n'avions jamais pensé
le contraire.

Mais par là nous sommes autorisé, logiquement, à demander au positivisme ce que devient
sa prétention de repousser Dieu et l'âme, au
nom de la science ?

En outre, s'il veut retirer à notre raison
la nourriture qui l'alimente et fait sa force,
qui la fait vivre, en un mot, il faut qu'il puisse
lui démontrer que cette nourriture lui est
impropre et funeste, et en même temps lui
offrir celle qu'il prouvera, avec la dernière
évidence, être la bonne, la réelle. Jusqu'ici,
que nous sachions, il n'a pu réaliser ce double
résultat.

Or, le vide n'est pas possible, même dans
notre raison, et toute erreur qui est son poison
doit être rejetée.

Mais si le bonhomme positiviste s'est con-
damné prudemment au silence sur les questions
d'origine et de fin, et nous savons pourquoi, son
ancêtre le matérialiste avait déjà parlé. Et pour
le matérialiste, l'univers a eu une origine. Ici
l'accord est donc parfait entre spiritualistes et
matérialistes. L'univers n'a pas toujours été.
Il a eu un commencement. Comment cette
origine ?

Le matérialiste dit : « rien ne peut venir de
rien ». Le spiritualiste ne dit pas autre chose :
« rien n'a pu venir de rien » ; avec le dogme de
la création, il enseigne ; « rien n'a été fait de
rien ». Mais le spiritualiste, avec bon sens,
ajoute : l'univers ne peut être un effet de la
matière seule, contrairement au matérialiste
qui dit : l'univers provient de la matière, il est
son œuvre, et la matière est éternelle. C'est
donc pour le spiritualiste, la matière créée;
pour le matérialiste, la matière éternelle.

On peut être étonné en voyant une division
pareille se continuer à travers tous les siècles,
sur une question que nous serions tenté de
considérer comme un véritable malentendu,
mais qui indique plutôt une aberration de la part
des matérialistes. Le spiritualisme ne vient pas

soutenir que le néant puisse devenir l'existence.
Il se garde bien de vouloir démontrer que zéro
multiplié par zéro puisse donner un terme
autre que zéro. Il se déclare incapable d'effectuer un pareil tour de force. De même que si
c'est le néant qui est travaillé par le néant, la
matière puisse surgir. Mais disons immédiatement que notre pensée est l'expression de l'activité la plus soutenue, elle en est le vrai type,
puisque dans l'état de veille, comme pendant le
sommeil, l'homme pense toujours. Le rien sans
action, sans travail, ne peut à plus forte raison
être conçu par elle. Et le matérialisme ne dit-il
pas : tout est mouvement, tout se transforme ?
Dans l'état actuel des choses et dans son état
propre, l'homme ne peut donc comprendre la
non-existence. En outre, il ne trouve pas d'exemple dans la nature, — c'est bien de l'expérience,
— d'une substance qui se multiplie en elle-même,
par elle-même, et se féconde d'elle-même.
Nous sommes donc en droit d'affirmer que
la matière ne peut être à la fois multiplicande
et multiplicateur. La matière est une quantité
négative comme zéro. Mais si l'on place à la
gauche de ce zéro un chiffre, le zéro se trouve
élevé à la valeur de ce nombre ; de même en
donnant au néant, quantité négative, la puissance de l'être absolu, Dieu, on l'élève à la

valeur de cet être. Le matérialisme donne au multiplicateur un multiplicande, c'est la force. Mais cette force réclame déjà pour elle-même, une élévation en puissance, qu'elle ne peut plus recevoir de la matière, puisqu'elle est donnée elle-même comme devant la fournir à celle-ci.

**

La science ne nous fournit qu'une seule hypothèse sur la formation de l'Univers. Cette hypothèse est celle de Laplace. Mais si elle recule considérablement l'origine de la constitution du monde, elle laisse pendante la question de l'existence de la matière. La matière a-t-elle été créée, ou bien est-elle éternelle ?

Jusqu'ici toutes les théories présentées pour établir l'éternité de la matière n'ont abouti qu'à un insuccès complet et aucune d'elles ne nous permet d'espérer qu'une telle démonstration soit possible. Les matérialistes ont donc beau continuer à soutenir que la vérité est là, et que la science saura un jour ou l'autre confondre les rebelles, la réalité supérieure en nous, la raison, se refuse absolument à accepter une croyance que rien ne vient justifier actuellement.

La loi du progrès ?.. Les savants de l'avenir posséderont plus de matériaux, et de meilleurs, qui leur permettront de réaliser, d'une façon péremptoire, la démonstration de l'éternité de la matière ? Il s'agit de l'avenir, et l'avenir est toujours fait de surprises et de mystères !... La plus simple observation de ce qui s'est produit jusqu'à nous ne témoigne-t-elle pas que le progrès s'effectue par d'incessantes constructions sur des débris, des choses transformées ou rejetées, que le progrès est un renouveau continuel, au lieu d'être un ajustement de pièces qui s'adaptent dans un tout homogène, complet et parfait ? Et n'est-il pas vrai de dire que le plus souvent, hélas! on passe à côté de la vérité ! que l'esprit, enclin à l'exagération, connaît peu le juste milieu, ce qui le jette généralement dans l'erreur ; qu'enfin, la vérité même se montrerait à lui, un instant, qu'il ne saurait pas la reconnaître et encore moins, par suite, la conserver ?...... Et c'est à l'espoir d'une conclusion générale, définitive, — à venir toujours ! — sur la matière éternelle, que se cramponne l'énergie désespérée des matérialistes !...

Mais nous ne devons pas être en retard avec eux. Nous avons le droit d'être même plus optimistes : aussi, nous acceptons largement la puis-

sance et la valeur des expériences et des découvertes de la science, et nous nous empressons
de proclamer d'une façon plus réelle même :
oui, l'avenir, l'avenir scientifique nous appartient, nous pouvons très bien présumer de ce
que sera la science future, elle confirmera le
jugement de la science vraie actuelle ; or, celle-
ci condamne toutes les suppositions que le
matérialisme a présentées sur l'éternité de la
matière. Libre à lui de continuer à se bercer
de ce fol espoir.

* *

Mais revenons à la Nébuleuse. Pour l'admettre, il est indispensable de lui accorder
déjà les conditions nécessaires à son évolution.
Or, d'où lui viennent ces conditions ? Elle ne
peut les contenir en elle-même. Nous ne pouvons concevoir des effets qui ressortent d'elle-
même pour lui devenir, pour lui retourner
comme causes de ses modifications, de ses
changements. C'est nous retirer le mystère de
la création, pour nous jeter dans un mystère
encore plus insondable.

Ensuite, cette nébuleuse n'aurait été qu'un
point dans l'infini ; ce point se serait multiplié
par lui-même incommensurablement, nous donnant dans la suite des lignes droites, courbes,

brisées, des tangentes, des parallèles. Et comment ce tout se serait-il tracé? Dès que la ligne a dépassé de quelques lieues l'astre du jour, nous ignorons son étendue, et nous ne pouvons plus la suivre au delà du centre de la terre. Ces deux points dépassent toutes nos hypothèses et nos calculs, et nous ne savons plus aller d'un point à un autre!... Attribuer des propriétés à la nébuleuse, nous le pouvons très facilement, mais c'est admettre aussitôt toute la matière avec les propriétés que nous lui connaissons. Qu'est-ce que la nébuleuse?....

Mais cette hypothèse n'a pas le seul démérite de reculer le problème sans le résoudre, c'est-à-dire la question de l'origine de la matière; considérée au point de vue de l'astronomie, elle n'est pas rigoureusement décisive; de fait, il a été démontré tout récemment qu'elle se heurte à une grande objection : le mouvement rétrograde des planètes extérieures; d'après cette hypothèse, toutes les planètes devraient avoir le mouvement de rotation sur leur axe dans le même sens que celui de leur translation, et de même pour leurs satellites; or, des découvertes récentes montrent que les planètes extérieures à Saturne ont un mouvement rétrograde ainsi que leurs satellites. Un autre principe sur lequel s'appuie la théorie de Laplace est contredit par les faits ; le principe est celui-ci : Un satellite met, à parcourir l'orbite elliptique qu'il décrit autour de sa planète, beaucoup plus de temps qu'il n'en faut à celle-ci pour tourner sur son axe ; or, l'un des satellites de mars, Phobos, qui a été découvert après la mort de Laplace, circule autour de cette planète en trois fois moins de temps que celle-ci n'en met pour accomplir sa rotation diurne ; de même, une partie des anneaux d Saturne tournent plus vite que leur planète. M. Faye a très remanié cette hypothèse et n'y laisse plus qu'un débris ; aussi, M. Wolf affirme que l'on a tort de présenter encore l'hypothèse cosmogonique « nébulaire comme une donnée acquise et « fondamentale de l'astronomie », car, ajoute- « t-il, elle se réduit en définitive à des « conjectures auxquelles nous ne pouvons donner « ner aujourd'hui aucune base absolument « sérieuse. » Mais, quoi qu'il en soit du sort final de cette hypothèse, contrairement à l'interprétation matérialiste, elle semble exprimer d'elle-même toute la vérité : Dieu a fait le monde de rien.

*
* *

Par suite de ce que nous venons d'exposer,
une hypothèse, purement gratuite, ne s'offre-
t-elle pas ? L'univers ne semblerait-il pas con-
tenu dans un immense circuit, dont nous ne
pouvons par nos yeux, même centuplés dans
leur puissance de vision par les instruments
les plus perfectionnés, atteindre aux dernières
portions de ce cercle indéterminable ? Ne serait-
il pas probable qu'avec Neptune, la planète la
plus éloignée de notre globe, et la dernière
aussi en date de découverte, nous ne possé-
dions, dans le vaste champ que nous avons
ouvert à nos investigations, jusqu'ici, qu'une
moitié, peut-être, de l'immense Cosmos ? Que
Neptune, Uranus, planètes désignées comme
extérieures à notre système solaire, n'effectuent
leur mouvement rétrograde, d'orient en occi-
dent, que pour se rallier au centre de notre
puissant foyer, le soleil ? Par ce double mouvement d'un système général, serait conservée
la valeur des forces centrifuge et centripète,
qui retiendraient en égale proportion la force
de rotation et celle de translation des planètes,
et principalement le soleil, dans son simple
mouvement de rotation ; enfin, qu'il se trouverait dans cet astre une force de tension et de

pression qu'il projetterait par l'irradiation de sa lumière ; et, sous cette pression et cette tension s'effectuerait l'activité des planètes, dans le mouvement giratoire, puis le tout dans un mouvement circulaire. Quoi qu'il en soit de cette hypothèse, avant tout il faut admettre qu'il se produit dans l'univers une action concentrée du centre, avec répulsion de forces vers la périphérie, et attraction à ce centre...

Si nous considérons les existences mobiles, *proprio motu*, le mouvement est intérieur, d'abord, pour devenir extérieur. Ainsi, dans notre corps, le mouvement est en nous et il nous devient extérieur. Précédemment au mouvement extérieur, qui est un déplacement entier du corps, il y a le mouvement intérieur de ses parties, qui, grâce à leur organisation, se ressaisissent, sous l'impulsion de la volonté ou d'une simple impression à la périphérie. Le mouvement est, par conséquent, en lui-même, une succession d'effets, qui produit un changement; Il peut donc se définir : le passage de la puissance à l'acte...

Nous avons vu que, pour les corps, le mouvement présente deux séries d'effets : il est d'abord interne et devient externe, et il était devenu interne, par une influence externe ; cette considération accorde toute sa vérité au vieux principe : « toute chose est mue par une autre chose » ; et, pour employer cette expression, dernier terme de la science : « un mouvement serait l'effet d'un mouvement ».

Si nous passons à la matière générale, à l'ensemble des corps, nous n'y verrons qu'une suite de mouvements, causes et effets à la fois, dans leur réunion, au milieu du circuit universel..

Le mouvement est bien le passage de la puissance à l'acte. Tout acte a sa raison dans une puissance, et un effet dont il devient la puissance génératrice. Cet acte est donc une puissance entre deux autres, celle qui le produit et celle qu'il produit et qui la devient à son tour. Mais le premier acte d'où tire-t-il sa première puissance ?

Il demeure toujours, en conclusion, la contingence de la puissance et de l'acte matériels.

———————

CHAPITRE III

LA MATIÈRE

CARACTÈRES DE LA MATIÈRE. — MATIÈRE DIVISÉE. —
LA CONTIGUÏTÉ.

La matière est-elle étendue, uniforme, identique, une ?

Voyons-la telle qu'elle s'offre à nous : elle
est étendue, mais non pas uniforme. Elle a des
parties.

C'est son premier caractère.

Elle est donc divisible et ses parties diffèrent entre elles.

C'est son second caractère.

Elle n'est pas identique par conséquent, —
c'est son troisième caractère.

Quel est le principe vital ?

Organisme et mouvement.

A quoi est dû le mouvement.

A la force d'impulsion.

Sur quel principe réside le mouvement ?

Le principe d'inertie.

Nous pouvons dire maintenant : la force que l'on attribue à la matière ne lui est nullement essentielle ; elle est en dehors d'elle..... La matière a été créée et elle peut être détruite.... C'est en se divisant que la matière première, la matière primordiale s'est constituée telle qu'elle est. Est-ce à dire que la matière continuellement évolue vers une constitution illimitée ? Celle-ci s'est opérée en un temps déterminé, pendant des périodes, que la géologie et la paléontologie établissent, en fouillant la terre, et que l'astronomie découvre dans l'ensemble des mondes ; toutes les sciences concourent donc à le démontrer Cette constitution a eu un arrêt, et l'ordre et l'harmonie nous ont apparu, parce que, dès le début, ils étaient en elle. La constitution générale ne peut se comprendre que par une formation en parties divises ; et là réside le but, la fin de chaque chose : le but est donc tout aussi bien au commencement qu'à la fin. Il n'est la fin des choses que parce qu'il en est le point de départ.

La fin n'est pas dans ce que nous voyons, dans ce que nous appelons le résultat des choses, mais c'est le point de départ lui-même ; et, s'il n'en était pas ainsi, il ne nous serait jamais

donné de la posséder; c'est bien alors que
l'on arrive à concevoir le transformisme : un
arbre, par exemple, pourrait ne pas être une
fin, mais encore un moyen pour une fin indé-
finie.

Or, cette conception non seulement afflige
notre raison, mais la blesse, la brise, l'ané-
antit au point de ne pouvoir plus rien comprendre dans ses principes, dans ses lois, dans
ses règles.

D'autre part, placer l'organisation dans un
processus indéfini, loin de gagner en extension
et d'acquérir un développement complet, achevé, comme elle l'a fait, loin d'aboutir en un
mot à cette constitution actuelle, la matière
ne serait sortie que bien informe d'un premier
tohu-va-bohu, pour devenir encore plus diffuse
et même rentrer dans un nouveau chaos, ou
bien aurait fini par se perdre et se détruire
partiellement, chaque chose produite étant
l'anéantissement de ce qui l'avait constituée. Et
la matière n'aurait jamais donné l'univers actuel et elle n'aurait pas aussi longtemps subsisté.
Et déjà aurait été réalisée depuis longtemps la
consommation des siècles. En voulant la nier,
le transformisme, sans s'en douter, l'aurait
si bien devancée que lui-même n'aurait pu se
produire et que nous n'aurions pas existé.

Oui, la matière a été créée et elle doit se perdre, s'anéantir.

Nous avons posé plus haut que la force donnée par le matérialisme comme inhérente à la matière se trouve en dehors de la matière et non dans elle-même. En effet, cette force n'est pas une propriété de la matière, une et unie, la matière-masse, mais une résultante des propriétés de la matière divisée. Prenons une partie de la masse-matière, notre planète, par exemple, possède-t-elle en tant qu'une, une force ? sans doute, non ; car possédant cette force, elle évoluerait non seulement au dehors d'elle, c'est-à-dire dans son ensemble, régulièrement, mais même au dedans d'elle-même, l'évolution se produirait, due à cette même force, et elle se traduirait par des changements continuels, forts et marqués.

La masse-matière de notre planète, au contraire, ne change pas, ne varie pas, ne se transforme pas par elle-même et elle seule, c'est-à-dire par sa force particulière et propre. C'est la matière divisée, qui évolue par des causes dues à elle-même, dans cette division, causes extérieures toujours à elle-même masse.

La terre tient dans son orbite et tourne régulièrement par des causes extérieures à sa masse et de même pour toutes les autres planètes. Ce sont donc ces causes qui sont le centre de gravité des mondes et qui les maintiennent ainsi : le poids, le rapport des distances des planètes entre elles, leur volume et leur rapport au volume de la masse éthérée, les effets réciproques de chaleur des unes aux autres, voilà ce qui maintient et fait mouvoir la matière. Cette force est donc la somme de toutes ces conditions.

Dans sa masse, la matière est inerte. Et, en disant la masse, il ne faut pas entendre seulement toute la matière réunie et compacte; séparée de la matière générale, une partie, si minime qu'elle soit, constitue une masse, et elle est inerte. Mais, dans sa situation, la matière n'est pas un bloc, identique dans toutes ses parties ; de toutes ses parties, elle ne nous fournit pas les mêmes sensations, ou plutôt une même sensation. Et ces parties, réelles à la masse, se distinguent entre elles, en situation, en forme et en nature ; or, la situation, la forme, la nature sont autant de petits moteurs, qui se traduisent par un mouvement général, lequel se concentre, se maintient, dure et persiste.

C'est donc aussi, en tant que divisée que la matière croît, se développe, se multiplie, meurt, se décompose, se renouvelle, mais la matière-

masse ne peut avoir ces propriétés. Elle n'en
a pas.

Si la matière n'a acquis ces propriétés qu'en
tant que divisée, et que, dans son essence
propre, elle n'en possède pas, il faut donc admettre une action première, absolument indépendante et qui a agi sur elle.

∴

Après avoir envisagé la matière elle-même,
dans ses parties, voyons ce que nous relevons
principalement dans l'ensemble des phénomènes de la nature. La science a posé cette
loi : il n'y a pas de vide possible dans la
nature.

Or, s'il n'y a pas de vide possible, ce n'est
jamais, non plus, le bloc solide, aux éléments
identiques, intimement unis, l'impénétrabilité
en un mot. Tout est par contiguïté dans les corps
de la nature. C'est ainsi peut-être que l'on peut
expliquer les différences dans les formes
des existences, même les plus rapprochées
par leur espèce. On l'a dit : dans la nature, on
ne trouve pas deux feuilles d'un même arbre,
d'une même branche, qui soient absolument
identiques ; une ressemblance à s'y méprendre,
pour employer cette expression du langage

usuel, est possible, mais l'identité parfaite est inconnue. Peut-on encore tirer de la contiguïté, la différence des règnes : minéral, végétal, animal et de l'homme ?

Nous séparons l'homme complètement, et c'est justice. D'ailleurs, on en a bien le droit, à notre époque, dans l'état où sont nos connaissances, quelles que puissent être les opinions contraires, matérialistes.

Nous ne le ferions pas, soyons persuadés qu'après nous ce serait chose sûrement réalisée...

Tous les éléments des corps s'adaptent donc par contiguïté, et cette opération se produit par la cohésion.

Pour le Cosmos, c'est l'éther qui comble le vide, pour les végétaux, animaux, et l'homme, c'est l'air atmosphérique...

D'après les sciences mêmes, il semble qu'il y aurait une conclusion, qui puisse être tirée, sur l'origine des choses.

In principio..... Au commencement, des vapeurs existaient sur un abîme sans fond ; des molécules en nombre indéfini, informes, évoluaient dans un assemblage confus, mais que retenait un noyau central, d'où jaillissait une lumière diffuse au milieu de ces vapeurs. Il est rationnel de penser que les éléments les plus

6

simples finirent par s'adapter les premiers, et
et que le simple précéda le composé. Progressivement, ces éléments simples se combinèrent.
Mais il fallait pour le plus compliqué des situations, et des milieux plus favorables. Ce qui
nous donne fort bien l'apparition de l'homme
le dernier. Si le Cosmos, dans son ensemble,
peut paraître beaucoup plus compliqué que le
microcosme, l'homme, il n'en est rien vraiment.
Le travail perfectionné dans le petit espace ou
dans le petit corps, demande toujours, pour
l'opération et la réalisation d'une existence,
des conditions très développées. La miniature
ne pouvait venir qu'après les grandes lignes.
La montre minuscule après la grande horloge.
L'homme, après que la vie était pleinement
possible et que sa constitution pouvait être
parfaite.

Mais d'abord, dût se produire la lutte pour
l'affinité, longue lutte entre les éléments divers, ceux qui étaient susceptibles d'affinité
entre eux, et ceux qui ne l'étaient pas et qui
empêchaient l'affinité de s'effectuer par la répulsion qu'ils exerçaient ; attraction et répulsion
n'étaient pas encore dans leurs limites propres.

Cette lutte, vraisemblablement, ne favorisait
que mieux les meilleurs rapprochements et les
meilleures formations par contiguïté, que nous

pouvons admirer en l'état actuel des choses et dont l'homme est le plus bel ornement.

Ce n'est pas là, cependant, la théorie positiviste envisageant comme un procédé encore constant dans la nature, d'aller du simple au composé, du plus au moins, pour en conclure que l'être organique provient de l'être inorganique, que la vie, complexe dans ses formes, fait suite à la vie rudimentaire dans sa composition : la plante provenant du minéral, l'animal de la plante, et l'homme de l'animal. Nous l'admettrions, d'ailleurs, que ce ne serait pas rejeter l'intervention d'une Cause supérieure, ou plutôt la création.

Mais chaque espèce fut constituée séparément; les molécules atomiques devaient posséder déjà en eux leur fin propre et le germe de production, comme chaque formation ou existence a conservé le germe de reproduction.

Dans toute existence organique ou inorganique, nous trouvons, en effet, matière et forme. Et c'est celle-ci qui donna, à chacune des parties de la matière première, l'unité, où se réalisa la contiguïté. La forme venait ainsi, en constituant ces unités, fonder l'harmonie générale ; sans elle, le tohu-bohu aurait persisté. La forme reçut donc la matière au sortir du chaos ; chaque fois que des molécules, par l'affinité, se rap-

prochaient, grâce à la forme elles acquéraient
l'unité. Considérée, donc, dans cette division et
constitution des parties de la matière, la forme
devient un élément simple, cause d'abord de
la structure atomique de la molécule chimique,
et producteur par suite de ses propriétés particulières et qui devient ensuite, pour les existences, la raison de l'activité de la cellule vivante
dans la plante, et des cellules vivantes dans
les existences organiques, dans l'animal, qui
acquiert la mutabilité. De sorte que, suivant le
mot de Claude Bernard, la matière n'engendre
pas les phénomènes qu'elle manifeste, mais
elle n'en est que leur *substratum*.

CHAPITRE IV

Matière Organique et Inorganique. — De la Pierre a l'Homme. — Le Transformisme.

Chacun admet que comme système le transformisme est heureux ; mais, malgré ses attraits, il n'est plus capable de se faire accepter, avec le développement que les sciences ont acquis, et qui permet d'établir la démarcation bien tranchée des espèces. Et le positivisme ment à lui-même, à son nom, à sa méthode, quand il abandonne le réel pour accepter le possible, et lorsqu'à côté du transformisme, il accepte la théorie des générations spontanées ; celle-ci, en effet, peut être considérée comme le point de départ, la base nécessaire du système précédent mais l'illustre savant, Pasteur, l'a réduite à néant. Avec l'autorité de sa science, il a démontré que cette théorie était complètement fausse, après avoir, avec une exactitude scrupuleuse, et une précision merveilleuse dans les expériences, démontré la non-valeur de celles

qui avaient été faites, et en avoir donné une
contre-épreuve.

En s'écroulant, la théorie des générations
spontanées a emporté dans sa chute tout
l'échafaudage transformiste. La philosophie
doit les exclure....

Il est évident que des rapports existent partout dans la nature ; il nous arrive bien souvent
de les surprendre et de fixer ainsi des lois à cette
matière, d'où nous sommes sortis nous-mêmes
Témoin les ressemblances que nous relevons
entre ces règnes : minéral, végétal, animal.
Nous rencontrons parfaitement dans le végétal
les éléments du minéral, et ceux du végétal
dans l'animal. Cette observation très juste a
suggéré cette hypothèse, nullement fondée,
comme nous le voyons, de la transformation
progressive, de l'évolution éternelle. Il faudrait
pour cela pouvoir établir, si la matière dans un
état primordial, avant la formation du minéral,
du végétal et de l'animal, se transforme d'abord
elle-même et si c'est par suite de cette transformation qu'elle arrive à donner tous ces
genres, puis sur eux toutes ces espèces. Or,
cet état premier de la matière nous échappe.

Les théories physico-chimiques ne nous fournissent pas une démonstration décisive de ce
fait. Elle ne peuvent non plus nous prouver

que cette transformation se poursuit continuellement et que les formations produites par la
matière ne sont que transitoires et qu'elle poursuivra éternellement son évolution. D'ailleurs,
pourquoi nous tourner vers de telles hypothèses
qu'il est impossible de résoudre expérimenta-
blement et que la raison s'afflige d'accepter?

Mais le principe dominant de la nouvelle
école est que tout ce qui n'est pas matière ne
peut être admis. De là ces hypothèses. Son tort
grave, toutefois, est d'attribuer tout ce qu'elle
affirme à la science et de lui faire expliquer
même ce qu'elle n'explique pas....

Les évolutionnistes, si on les laisse faire, n'ont
pas fini de si tôt de se complaire dans leurs
chimères. Ainsi, ils veulent même nous démontrer à tout prix que nos croyances ne sont
que des formes surannées ; que l'homme devait
les revêtir pour s'élever de l'état d'où il venait
de sortir vers des sphères plus élevées, et,
celles-ci atteintes, il doit s'en débarrasser
comme de vieux ornements. Mais quel est cet
état d'où nous sommes sortis ? nous fûmes
d'abord des quadrupèdes, des orang-outang,
avant d'être des hommes. Et pour devenir
tels, cela n'a été dû qu'à une idée fournie par
le hasard lui-même, ou bien par un arrange-
ment moléculaire, dans le cerveau, effet du

hasard aussi. Et les autres animaux n'ont pas
été si bien favorisés. Pauvres bêtes !......
Hideux hasard !...

Pourtant le perroquet a obtenu une demi-
parole ; il bégaye, en effet, les quelques mots
qu'il entend souvent lui répéter, mais c'est tout
pour lui. Il ne peut aller plus loin.

Décidément, l'homme n'a jamais le droit de
se plaindre de n'avoir pas de... chance. Il est
pendable s'il se rend coupable du moindre pessimisme. Les animaux ne peuvent pas arriver
à un certain perfectionnement, même avec le
puissant modèle qu'ils ont constamment devant
eux, et qui est, plus que jamais, dans une activité, dans une agitation devenue fébrile. Après
ceci peut-on prétendre que l'exemple porte ses
fruits ?...

L'homme doit donc abandonner les vieilles
formes de ses croyances, s'en dépouiller comme
il avait été dépouillé de ses formes physiques
précédentes, et les laisser pour les animaux
qui pourraient avoir le même sort que lui. Du
reste, l'homme, qui n'est pas si égoïste, fait
tout pour amener ce résultat chez ses frères
si malheureux. Combien s'intéressent à eux ?
N'existe-t-il pas une société protectrice des animaux ? Et déjà ne se demande-t-on pas : que
pense le chien ?...

♦♦♦

Nous admettons que la nature, dans ses formations, ne procède que d'un principe unique, une matière première, capable d'acquérir des propriétés qui participent l'une de l'autre ; il n'en est pas moins vrai qu'elle emploie plusieurs moules, d'où cette matière sort, avec une constitution particulière, et une unité spéciale, propre, dans chacune de ses parties. Nous admettons encore qu'il existe, ainsi que nous le disions plus haut, un trait d'union bien appréciable entre ces différentes compositions. Nous voulons accorder même que l'on puisse rapprocher davantage les différents règnes entre eux, pour les modes de nutrition, de croissance et de reproduction, et nous concéderons à la cristallogénie que les cristaux se nourrissent, croissent et se reproduisent ; mais avec les conclusions déjà peu certaines de cette science, pouvons-nous, avec les matérialistes, poser comme une certitude la génération spontanée dans les cristaux pour acquérir le droit d'affirmer que ce soient là les premières manifestations de ce perfectionnement qui ira jusqu'à l'homme ? Certainement non. Car la vie est absente dans le cristal et il n'y a pas

de passage du minéral à la plante et de la plante
à l'infusoire. La chimie l'a affirmé.

. . . .

En outre, la Géologie, la Paléontologie nous dé-
couvrent dans leurs fouilles, au sein de la terre,
que celle-ci a eu une origine, et l'astronomie,
dans ses explorations interplanétaires découvre l'assurance que l'univers a eu un commencement. De ce point de départ, la matière a donc
évolué vers une fin qu'elle possédait déjà, assignée, dans son principe, en elle-même, et qui
est la constitution actuelle. Les sens, l'expérience, la raison nous en rendent également
compte. La matière a tiré ses diverses formations
les unes des autres; Mais avec elles, elle avait
fondé des assises solides, car ce n'est que,
grâce à ces assises, que pouvait se réaliser la
reproduction ; et la circulation de la vie n'a lieu
que divisée elle-même comme la matière, passant par les canaux établis dans chaque assise.
A côté de cela, pour correspondre à la matière
générale ou primordiale, qui se trouve partout,
sous ces espèces infinies, il y a deux rapports
de concordance : *l'utilité* que toutes les existences retirent les unes des autres, *et la persistance* d'une matière générale, qui demeure
comme un centre d'attraction et conservateur,
redemande toujours pour son existence propre

ce qu'elle donne, et permet à chaque espèce
de reprendre ce qu'elle a cédé. Et la fin ré-
pondra toujours au principe, identiquement,
jusqu'à l'instant où ce qui a été fait sera détruit.

Mais pourquoi l'homme serait-il le dernier
stade de cette évolution, dans son perfectionnement ? La science idéale nous dit qu'il ne l'est
pas, avec son hypothèse de la pluralité des
mondes habités. Ces existences doivent nous
être sûrement supérieures ; on en avait la
preuve dans ce fait : la télégraphie optique de
la planète Mars. Mais il paraît que c'est fini. Les
signes de feu, que les astronomes avaient pu
observer, se sont depuis peu éteints.....Dans
tous les cas, ces existences doivent différer considérablement de la nôtre, sans aucun doute,
si l'on veut que cette hypothèse concorde avec
celles que la science nous présente sur les
milieux et les formations des autres planètes.
Il est vrai que des astronomes rêveurs prêtent
à ces existences d'autres mondes des formes
qui sont, en effet, vraiment fantasmagoriques.
Le rêve ! Il avait eu ses poètes, ses romanciers,
mais qu'il ait aussi gagné des esprits scientifiques, c'est peu rassurant pour notre confiance
dans la science !

Un philosophe païen avait enseigné la mé-
tempsycose, mais elle se bornait à la terre. Elle

a été portée au ciel. Devons-nous en être fâ-
chés ? qui sait ? Nous atteignons peut-être au
rapprochement ! n'y aurait-il qu'un pas ?...
n'insistons pas davantage sur ces genres d'idéalisme, ancien et nouveau, et ayons la douce
confiance que nous serons délivrés de ces théories désespérantes : l'éternelle évolution, sans
trève, ni repos... jamais ; ou bien encore peut-
être, après toutes ces excursions, comme le
veut le matérialiste athée,... notre anéantissement final..... *Rien de tout.*

.·.

La Spontanéité, synonyme de hasard, est la
plus grossière erreur et la plus triste conception de l'esprit. La matière ne peut trouver
dans le hasard, ou par le hasard, — matière
et hasard, deux aveugles, — la puissance de
production d'existences aussi régulières, aussi
bien délimitées, et se suivant parfaitement sur
une échelle que les sciences ont pu fixer ;
aussi bien concordantes, en même temps,
dans leurs rapports, au point de vue de cet
ordre d'utilité les unes pour les autres, sans
lequel le monde ne pourrait exister. Ainsi, l'a-
nimal doit son existence à la plante, qui la doit
au minéral, et l'homme prend à tous l'uti-

lité qu'ils offrent chacun séparément. Là où
le matérialiste voit simplement la circulation
de la vie, nous y contemplons une fin, même
dans chaque moyen ; ce qui a pu fonder cette
harmonie belle et solide.

Le transformisme, l'évolution éternelle ne
pourrait donner, même pour un certain temps,
même dans les plus simples compositions, cette
fin, qui éclate actuellement partout, dans chaque
chose. Avec l'éternité de la matière et le hasard
comme agent, il ne pourrait exister ni limites,
ni arrêt, ni époques, mais le désordre. Voilà tout.

Rien de ce qui est dans la nature ne disparaît
entièrement. Les hommes passent et l'homme
reste. De même les sensations, les émotions, les
sentiments, les douleurs et les plaisirs éprouvés
par tel homme ne disparaissent pas définitivement
avec lui. D'autres hommes les éprouvent aussi
en totalité ou en partie, sous une forme ou sous
une autre, celles-là et pas celles-ci ; mais toutes
choses restent et rien ne s'en va à tout jamais.

La foi et l'incrédulité, la vérité et l'erreur, la
justice et l'injustice, la sagesse et la folie, la
prudence et l'imprudence, la douceur et la co-
lère, la sobriété et l'intempérance, l'amour et
la haine, la reconnaissance et l'ingratitude, et
toi Conscience, et toi Cœur, et toi Raison ?....
Tout reste. Rien ne disparaît.

La forme humaine ne change pas.

Et l'on peut dire, tout varie, mais rien ne se transforme.

Les traits seuls de tel homme, dans leur ensemble précis, sont effacés ; mais chacun de ces traits demeure encore chez d'autres ; et comme de l'ensemble physique, il en est de même de l'ordre moral ; chacun des traits qui constitue le caractère de cet homme reste, l'ensemble seul, tel qu'il est chez lui, cesse. Et la vie qui s'éteint dans chaque existence, et qui demeure encore partout ?... Voilà qui peut nous rappeler ce flux et ce reflux de la mer. Observons de la plage les vagues de cette mer, quelque peu houleuse au large ; remarquons celles qui, diminuées et faibles, viennent caresser le sable fin et mouvant ; la vague écumeuse, après s'être roulée comme sur elle-même, s'étend en une nappe aux festons blancs ; mais après avoir glissé sur une certaine étendue, et sa limite, qu'elle semble se fixer elle-même, atteinte, elle revient en arrière, lentement, avec un bruit monotone, emportant une partie de ce sable fin, qu'elle saisit en le pénétrant. A ce même moment une autre vague arrive, et l'eau qui se retirait, semble d'abord comme vouloir couler sous la nouvelle vague qui s'enroule au même instant où l'eau de la précédente se laisse glisser,

tandis qu'une partie de celle-ci se relève encore
avec la nouvelle vague, comme prise dans une
roue, pour retomber avec elle et s'étendre
encore... Flux et reflux continuel !...

Quel puissant tableau ! Nous voudrions dire
toute la nature est là ! Toute la vie est là !...

Mais l'homme ? L'homme avec sa vie à lui ?
L'homme avec son intelligence ?... Et alors, devant ce mystère, l'homme, la nature elle-même
se représente comme plus insondable encore.
O nature qui dévoilera ton secret le plus intime ?
qui dira ce dernier mot ?...

Par une nuit bien étoilée, regardons le firma-
ment, et essayons de poursuivre ce nombre
incalculable d'astres et de supputer ces distances ! L'idée de l'infini nous apparaîtra. Et si
alors nous nous représentons dans notre pensée tout l'univers, autant que nous pouvons le
saisir, avec tout ce qu'il nous présente, nous re-
lèverons que, dans ce grand ouvrage, tout s'en-
chaîne ; en examinant cette chaîne, nous verrons une lueur courir sur elle, qui nous per-
mettra de lire tout le long ce mot clairement
écrit : ordre.

Pouvons-nous parler alors d'un effet du hasard ? Le hasard est un terme purement négatif
qui signifie seulement l'absence de dessein et
de volonté dans la cause qui produit un effet..

Nous découvrons un trésor, en bêchant la terre, notre découverte est un effet du hasard ; car, nous n'y songions pas ; nous ne l'avions pas prévue, et celui qui avait enfoui ce trésor ne l'avait pas prévue davantage. Le caractère général des effets du hasard est de manquer de régularité, de symétrie. N'est-il pas insensé d'attribuer le monde au hasard, lorsque tous les corps, tous les phénomènes de cet univers portent les traces d'un dessein et d'une prévoyance ?

Mais pourquoi n'ajouterions-nous pas : la matière inconsciente et aveugle a pu, dans ses ajustements, combinaisons, former ces tissus, ces organes, un tout réel, si vivant, qui est l'homme, et celui-ci, magnifique perfectionnement où la matière aurait abouti, ou plutôt la matière elle-même sous cette forme nouvelle et très heureuse, d'après le matérialisme, n'est plus capable, une fois à ce degré, de se renouveler dans une constitution différente de celle que nous possédons ? C'est vraiment regrettable que nous ne puissions jouir de la vue de ce phénomène qui en sortirait, maintenant que la matière possède en elle-même ce nouvel élément et facteur : la pensée. Dès que la matière serait devenue intelligente et consciente, ces beaux perfectionnements progressifs se seraient arrêtés brusquement ? La matière, sensible dans l'animal, aura pu donner l'homme, et la matière intelligente, chez celui-ci, ne serait plus capable de perfectionnement, tout au moins de transformation nouvelle ?

Nous entendons fort bien. L'homme demeure toujours une partie de la matière universelle. Or, un simple atome aurait été plus puissant que ce nombre incalculable de molécules atomiques, si bien ordonnées, qui fait l'homme et en qui réside la pensée? Nous reconnaissons que celle-ci est capable de belles et puissantes œuvres. Grâce à elle, l'homme sait utiliser la vapeur : il brûle les distances avec la vitesse vertigineuse de ses chemins de fer ; il parcourt les mers avec ses navires, capables de transporter les fardeaux les plus énormes ; il explore même le fond de ces mers, avec ses sous-marins ; en outre, il circule dans les airs au moyen de ses aérostats ; bien plus, l'homme est monté au ciel et a ravi à Vulcain ses foudres et par elles il fait courir ses idées, d'un bout de l'univers à l'autre ; il transmet sa parole à des distances très grandes ; et il fait même entendre la voix de la personne absente. C'est beau, c'est merveilleux. Et cependant qu'est-ce tout cela devant ce que fit la matière jusqu'à l'homme, avec l'homme? Ne considérons que son corps, ces filets,

BIBLIOTHÈQUE R. P. CHARTRES

7

ces réseaux de fibres, tout ce tissu si bien formé ; ce sang qui circule partout, partout portant
la vie ; ces nerfs, ces sens, ce cerveau enfin; di-
rons-nous : Voilà l'œuvre du hasard !

* *

Ces combinaisons, ces formations de la matière indiquent des propriétés en elle ; du moment que ces propriétés peuvent produire de
si remarquables agencements, c'est un hasard
déterminé, c'est une volonté. En outre, la volonté ne peut se concevoir autrement que libre.

L'artiste qui veut exécuter une œuvre a la
volonté de faire telle œuvre, ébauchée dans son
esprit : la *Vierge à la chaise*, par exemple. A
l'acte de vouloir peindre ce tableau, peut-on ne
pas y ajouter la liberté? Sans la liberté, la volonté
disparaît nécessairement. Un acte qui n'est pas
libre n'est pas de la volonté. L'on peut opposer
à l'exemple choisi l'objection fameuse : l'artiste a été amené à choisir ce sujet; entre mille,
il devait choisir celui-là ; mais l'argument du
sac de boules n'est pas favorable au déter-
minisme, comme l'on a voulu le prétendre ; il
se tourne, au contraire, contre lui. Dans ce sac,
sont ces boules seules qu'on a placées. On doit
retirer l'une d'elles.

L'esprit fixera déjà celle que la main saisira,

en tel endroit du sac, et il dictera d'une façon
rapide celle qu'il a décidé, en quelque sorte,
de sortir du sac ; celle, par exemple, de l'un
des coins du sac, ou bien du fond. L'on écartera
les autres en touchant immédiatement du doigt
celle que l'on doit prendre ; ou bien l'on prendra
la première ; mais si prompte et si instinctive
que l'action puisse paraître, l'esprit aura perçu
et fixé celle qui doit faire l'objet du choix. Ce
qui découle de ce fait, c'est que le choix peut
être limité à un certain nombre de boules, et
que cela est fastidieux, car, pour pouvoir saisir
celle du fond, la main ne doit pas déranger les
autres, et l'acte doit être pourtant rapide.

Toute liberté est donc limitée, circonscrite,
il lui faut combattre des obstacles et même des
dangers nombreux ; mais la volonté ne va pas
sans la liberté.

Ajoutons que l'observation nous dévoile que
la vie n'est pas faite, dans la vraie mesure, pour
le particulier, l'individuel, le personnel : en conséquence, que l'homme n'est pas par lui-même,
pour lui-même en toute étendue ; sa nature, son
caractère, son activité le prouvent clairement ;
qu'enfin l'homme est libre, mais il n'est pas
indépendant ; créature de Dieu, elle doit lui être
soumise ; dans la nature, par son existence, il
lui faut lutter de toutes façons.

CHAPITRE V

—

MATIÈRE ET SENSIBILITÉ
MATIÈRE ET MOUVEMENT

L'homme est capable de se mouvoir et il partage cette faculté avec les animaux. Il est doué de sensibilité et cette puissance se retrouve aussi dans l'animal et même dans la plante. L'homme est, par conséquent, une existence organique, au même titre que ces derniers. En outre, s'il possède, dans son organisme, des points de ressemblance très remarquables avec celui des animaux, principalement ceux des espèces les plus élevées de l'échelle, il tient encore de la plante par une matière vivante : le protoplasma. La cellule protoplasmique existe, en effet, aussi bien dans la plante que dans l'animal, comme chez l'homme. Considérée en elle-même, cette cellule possède déjà deux puissances, si nous pouvons nous servir de ce mot, pour désigner les deux effets qu'on y observe. Il y a en elle des traces de sensibilité et de mouvement ; il suffit qu'une impression soit produite sur elle pour qu'elle se contracte ou s'allonge. Cette impression, cependant, n'est pas sentie, elle demeure en quelque sorte toute extérieure, comme dans la plante, où rien ne la recueille pour lui donner une force particulière, une certaine activité propre, une action tant soit peu libre, en un mot, pour accorder déjà à elle-même une vie spéciale qui la dégage quelque peu de la matière environnante. La sensibilité est dans la plante toute passive sous les effets extérieurs : ceux de la terre, de la lumière, de l'eau. Son mouvement consiste dans un allongement de ses racines ; il en est de même de la fleur, qui s'épanouit ou se ferme, et des fruits, avec leurs mouvements de déhiscence.

Devons-nous considérer cette sensibilité et ces mouvements comme le canevas de ceux que nous observons chez les animaux? Nous croyons plutôt qu'ils sont le complément de la vie végétative, l'achèvement de l'organisation de la plante, ou, pour mieux dire, les formes par lesquelles elle puise les ressources de son existence. En effet, tout se borne là pour la plante. Que l'on puisse ou non les considérer comme l'ébauche de la sensibilité et du mouvement que l'animal possède, remarquons,

toutefois, la différence bien appréciable qui sépare la sensibilité et le mouvement dans la
plante et chez l'animal. Chez ce dernier, sensibilité et mouvement ont leur constitution génératrice, leur centre propre, leur vie ; avec les
organes spéciaux à la locomotion et à la
sensation, ils acquièrent une manifestation
libre et très développée, étendue comme la
matière elle-même, sur laquelle ils peuvent
exercer cette manifestation. Ce qu'il nous faut
donc retenir du protoplasma, c'est que sa présence donne déjà à la matière l'aptitude à recevoir l'impression.

* *
*

Ne pourrait-on pas dire qu'il y a aussi mémoire
dans cette substance, le protoplasma? Nous entendons par là la persistance de l'impression.
Ainsi, dans une plante, nous donnons un coup
de canif : la sève coule, et, après quelque temps
encore, la plante porte la cicatrice de l'entaille.
Cette impression produite par la lame de cuivre
sur la plante est, évidemment, toute extérieure
encore, physique, matérielle ; mais la plante se
ressentira, dans son unité, de cette blessure,
produite sur une seule de ses parties ; toute
son énergie vitale se concentrera, plus forte,
plus active, pour résister à la destruction de

son ensemble, et pour ramener l'ordre primi-
tif, pourvu que l'entaille n'ait pas été trop profonde et que les circonstances extérieures favorisent la revivification. Il se produit donc une
action générale ; la conservation de l'impression
est réelle. Il en est de même pour l'animal, si
une partie du corps a été blessée, mais ici l'im -
pression a une action double. Dans les plantes,
il n'y a qu'une série d'organes similaires, ou
plutôt une superposition de couches cellulaires,
et l'impression se trouve diffuse dans la masse
totale. Dans l'animal, au contraire, toute impression est recueillie par une masse spéciale,
où elle est transformée en sensation. Cette
masse est la substance nerveuse.

Chez l'animal seul, chaque organe forme un
ensemble complet, et tous ses organes, quoique
resserrés entre eux, présentent, cependant, des
interstices accentués, qui leur permettent un
fonctionnement libre et propre ; par suite, vivants déjà, pour ainsi dire, en eux-mêmes, puis
concourrant tous à une fin générale, grâce à
leur soumission graduelle les uns aux autres .

Dès lors l'animal, non seulement vit et se
meut, mais il sent, c'est-à-dire qu'il possède en
outre de la vie végétative, la vie particulièrement
sensitive.

Ordinairement on distingue, il est vrai, les

sensations, en sensations internes provenant des
organes internes et sensations externes, c'est-
à-dire des parties périphériques du corps, mais
celles-ci deviennent aussi sensations internes,
en passant sur un même théâtre que les précédentes : la substance nerveuse.

CHAPITRE VI

—

SYSTÈME CÉRÉBRO-SPINAL DANS L'ANIMAL.— INSTINCT.

Avant d'étudier le système cérébro-spinal, chez l'homme, voyons-le rapidement dans l'échelle des existences. Chez les animaux tout à fait inférieurs, tels que les zoophites, il n'y a ni cerveau, ni moelle épinière, mais seulement quelques linéaments de système nerveux ; aussi on n'y découvre que le sens du toucher. Chez les mollusques, le système nerveux apparaît, et avec lui une sensibilité marquée ; ils ont, en outre du sens du toucher, la vue, et un instinct très rudimentaire. Mais les instincts se développent à mesure que le ganglion cérébral se développe. Instincts bornés à la recherche de la nourriture et de la génération, voilà ce que l'on découvre dans les amnélides. Les crustacés présentent des sensations plus étendues et plus nombreuses pour la génération : voracité,

cruauté aveugle. Des sensations plus développées encore se trouvent dans les arachnoïdes :
construction d'un abri, vie de relation, approvi-
sionnements, défense commune. Après les arti-
culés, les vertébrés qui possèdent cerveau et
moelle épinière. Cet organe augmente de volume, et sa structure se perfectionne lorsqu'on
s'élève des poissons aux batraciens, aux reptiles, ensuite aux oiseaux, et enfin aux mammifères ; en outre, dans cette dernière classe, il
augmente de degré en degré. On a constaté,
cependant, que cette progression dans la constitution du système nerveux n'est pas en rapport avec la valeur des instincts. Ainsi, en
passant des insectes aux poissons, on a chez
ceux-ci un instinct stupide, et dans les premiers,
comme les fourmis et les abeilles, cet instinct
si admirable, qui étonne même dans ces petits
animalcules, les fourmis, et dans ces grosses
mouches, les abeilles. Le progrès anatomique
ne paraît donc offrir aucune valeur, au point
de vue de la « direction » des instincts. De
même, entre le cerveau des singes les plus
perfectionnés et celui de l'homme, ce progrès
anatomique est très insignifiant. Que dire donc ?
Nous croyons préférable d'envisager l'instinct,
dans ses caractères et dans sa nature. La matière subit, dans toute son étendue, la loi d'une

tendance générale de ses parties les unes vers
les autres, que l'on a appelée, en astronomie,
attraction, et qui ne se produit, pensons-nous,
que sous une autre cause, la pesanteur, ou pression qui agit sur toute la matière (1). Dans la
nature organique, cette tendance devient l'ap-
pétit, qui est la base de tout l'instinct, car c'est
la sensibilité et c'est le mouvement. L'intellect
lui-même n'échappe pas à cette loi et il possède
cette sensibilité et ce mouvement : l'amour.
Mais la séparation, la distance de ces deux sortes
de tendances? celles de la terre au ciel...

Cette tendance ne consiste, dans la plante,
comme nous l'avons vu, qu'à étendre ses racines à la recherche du suc nourricier. Chez
les animaux d'espèces inférieures, c'est encore
la recherche de la nourriture et la reproduction.

C'est donc le besoin qui fonde l'instinct, dans
toute l'échelle animale, des plus petits animaux
aux plus grands; c'est un appel de la matière à
la matière. La matière vivante se jette sur la
matière vivante, et la matière morte reprend les
débris de cette matière vivante... mais quelle
horreur, ce parasitisme ! Est-ce bien là un spec-
tacle qui charme et qui plaît ! Oh, les beautés de

(1) Qu'on ne peut attribuer qu'à la lumière et que nous
retrouvons à l'origine du monde planant sur les vapeurs
immenses qui recouvraient un abîme sans fond.

cette nature vivante !.... La vie est un centre de
corruption plus réel que celui de la mort ; car de
la poussière du tombeau rejaillit une essence
plus pure que cette activité qui ressort de ces
paquets de chair, d'os et de nerfs !.....

Nous disions que c'est le besoin qui fonde
l'instinct, et à la recherche de la satisfaction du
besoin vient se joindre nécessairement la défense pour la préservation et la conservation.

Mais ce que nous venons d'envisager jusqu'ici, c'est ce qui se produit dans l'animal et
la constitution qui en est la cause. Néanmoins,
ces explications, malgré l'importance qu'on y
attache, dans la passion du savoir, de la science,
ne sont que secondaires.

Il semble, en effet, que le but de la connaissance, pour l'homme, porte plus haut, à savoir :
si cette organisation n'est que le résultat des
milieux de développement, comme le veut le
transformisme, et par conséquent, si son activité correspondante en découle nécessairement ;
ou bien, si toute organisation n'est qu'un moyen
pour une fin, son utilité indispensable à l'existence générale ? Il paraît logique d'admettre la
conformation des corps, propre aux milieux,
et qui la rend capable de concourir à cette fin
générale, qui éclate partout et l'on est bien
obligé d'y reconnaître une sage prévoyance.

CHAPITRE VII

L'HOMME. — LE CERVEAU.

C'est peut-être trop tard pour parler encore du cerveau et de la pensée, après tout ce qui en a été dit jusqu'ici, et c'est peut-être trop tôt, puisque la science ne connaît qu'imparfaitement encore cet organe, et qu'elle poursuit ses travaux avec une passion vraiment digne d'un tel objet. La physiologie, l'anatomie, la morphologie s'y exercent le plus activement possible. Il y a encore trop d'ombre dans la connaissance de cet organe. Les différentes dispositions de la matière cérébrale ne sont pas complètement connues. Que dire dès lors du fonctionnement du cerveau?

Actuellement, il est vrai, on nous fait connaître les différents sièges de certaines fonctions. Mais il est à remarquer avec quelle prudence et quelle réserve les savants exposent les résultats de leurs observations et de leurs expériences. Aussi, l'on est très étonné lorsque des

demi-scientifiques se plaisent à présenter les
affirmations les plus hypothétiques sur les propriétés et le fonctionnement du cerveau.

Or, la vraie science pourra-t-elle jamais affirmer que le cerveau renferme, dans sa constitution même matérielle, le principe réel de ce phénomène : la pensée ! Elle ne prétend nullement le
trouver dans la matière et uniquement en elle.
Ce qui donne tout son crédit à notre opinion : il
est dans la pensée une puissance, qui est indépendante de la matière cérébrale et qui la domine.
« Non seulement, dit Cuvier, nous ne comprenons pas, mais nous ne comprendrons jamais
comment des traces quelconques imprimées
dans notre cervelle peuvent être perçues de
notre esprit, ou y produire des images ; mais
quelque délicates que soient nos recherches,
ces traces ne se montrent en aucune façon à nos
yeux, et nous ignorons entièrement quelle est
leur nature. » Nous verrons plus loin ce que la
science nous apprend actuellement. Nous voulons même espérer que les efforts conduits avec
sagacité auront raison de ce mystère que pose
Cuvier, et que cet hiatus sera franchi. Sachons,
cependant que, pour, une pareille victoire, il faut
être moins passionné pour la matière, et aussi
moins animé contre elle, lui accorder sa juste
puissance et son vrai rôle. Une pareille étude

réclame, en effet, une grande liberté. C'est
bien l'occasion où il faudrait faire table rase des
opinions acquises, favorables ou défavorables
à telle conception, sinon c'est la passion, c'est
l'aveuglement. Une grande connaissance scientifique, de sérieuses observations, des expériences considérablement renouvelées, voilà
seulement ce que l'on réclame dans une pareille
étude. On y rattache au début la question de
l'âme ; c'est ce qui passionne. Celle-ci doit être
à la conclusion et non au point de départ. Le
cerveau d'abord, l'âme ensuite. Ou plutôt; ils
sont complètement indépendants l'un de l'autre.
Les matérialistes ne disent-ils pas : le cerveau
est un organe avec une fonction spéciale, nous
ne dirons pas autrement, et nous irons même
plus loin et nous ajouterons, avec une fonction
spéciale et limitée dans son cercle.

Ce que nous venons d'exposer fait éclater
l'importance capitale de cette étude du cerveau
et de la pensée.

C'est ici que le « Connais-toi toi-même »
trouve sa plus grande valeur.

La question de la direction de la vie devient
encore plus pressante, s'impose, pour une dé-
cision irrévocable.

Cette étude n'intéresse donc pas seulement
les savants, les philosophes. Tous les hommes

doivent s'y attacher comme à une solution de vie ou de mort.

Du reste, à quoi servirait-il à l'homme d'avoir une raison, s'il ignore comment il a cette raison, quelle est sa nature, et pourquoi il la possède ?

Le scepticisme devient encore plus absurde en présence d'une si grave question.

L'homme doit connaître sa nature propre, sinon il lui est inutile de vouloir s'expliquer le monde extérieur, ses phénomènes, car cette explication n'est que secondaire et pour aider à mieux préciser ce qu'il est.

Que nous importe, par exemple, de savoir nous maintenir sur l'eau, sachant que nous sommes, malgré cela, en danger : et surtout, que cette connaissance peut nous être utile à peine pendant quelques instants ?

CHAPITRE VIII

Système Nerveux et Cerveau

Le cœur est le centre de la vie végétative. Le cerveau est le centre de la vie intellectuelle.

Réflexions, observations, jugements, raisonnements, désirs, haines, amours, passions, toute notre activité pensante et agissante a son centre dans le cerveau.

C'est la grande place où s'appellent et se séparent, s'attirent et se repoussent, s'unissent et se combattent, en vrai chassé-croisé, toutes ces choses qui constituent cette grande puissance, si compliquée en elle-même, et si simple en apparence, qui fait l'homme, qui le distingue de toutes les autres existences, et qui le place de cent coudées au-dessus de toutes, c'est-à-dire la Pensée.

Depuis longtemps déjà la science a affirmé, il est vrai, que le cerveau n'est pas un organe bien distinct et bien séparé dans la partie du

8

crâne qu'il occupe, mais qu'avec le cervelet, le bulbe, la moelle épinière, les ramifications qui parcourent les autres parties du corps, et qui n'en sont que les rayonnements périphériques, il forme le grand centre cérébro-spinal.

Néanmoins, c'est à lui qu'arrivent les matériaux qui vont contribuer à la formation de la pensée et de lui que partent les manif.stations de celle-ci et ses volontés. Nous le considérons comme le bureau enregistreur et directeur. Il est situé dans cette partie du corps relevée, si nous pouvons nous permettre cette expression, de la terre, n'y touchant pas directement et dirigée vers les hautes sphères ; dans cette partie du corps qui en est le sommet, qui semble bien appelée à la direction générale de tout le reste du corps et parfaitement nommée : chef, tête.

.•.

Mais avant d'étudier le cerveau, prenons connaissance du système nerveux.

Il comprend deux parties essentielles : un centre, l'axe cérébro-spinal et des rayons de ce centre, filets nerveux périphériques. Ces filets aboutissent les uns aux organes moteurs, les autres aux organes des cinq sens externes.

L'axe cérébro-spinal, son nom le dit, est composé de l'encéphale et de la moelle épinière. Situé sur la ligne médiane du corps, il occupe l'intérieur de la tête, et presque toute la colonne vertébrale. Des membranes l'enveloppent et le soutiennent.

L'encéphale, formé du cerveau, du cervelet et du bulbe, est une substance molle : il est très irrégulièrement aplati dans une partie de son étendue et son extrémité postérieure est plus grosse que son extrémité antérieure.

La moelle épinière proprement dite commence avec la colonne vertébrale ; elle s'arrête, chez l'homme, après les premières vertèbres lombaires, en constituant un faisceau de nerfs, désigné sous le nom de queue de cheval : ces nerfs continuent d'abord avec la colonne vertébrale, puis se rendent dans la partie postérieure du corps. Sur tout son parcours, dans le tube vertébral, la moelle épinière donne naissance à un nombre considérable de ramifications nerveuses qui se rendent dans les différentes parties du corps. C'est par la moelle épinière que nous commençons un rapide aperçu du système cérébro-spinal, dont la description appartient aux ouvrages de physiologie et d'anatomie; nous voulons principalement relever la délimitation de certaines parties fonction-

nelles que la science a cru pouvoir essayer,
depuis quelques années, grâce à des méthodes
nouvelles.

⁎
⁎ ⁎

La moelle épinière, de même que le cervelet
et le cerveau, présente deux substances, l'une
blanche et l'autre grise. La moelle donne naissance à une multitude de ramifications nerveuses qui se distribuent dans tous les autres
membres. Trente-et-une paires de nerfs rachi-
dines sortent de la moelle épinière.

Entre la moelle épinière et le cervelet se
dispose le bulbe ou moelle allongée. Il a été
comparé à une espèce de carrefour où viennent
prendre contact et entrer en relation les éléments qui constituent le cervelet et le cerveau.
Le bulbe présente un sillon longitudinal ; le
fonds de ce sillon est formé par une lame de
substance blanche qui unit les deux moitiés du
bulbe. De celui-ci part le nerf oculaire externe.
Il donne naissance à plusieurs filets radicu-
laires, qui convergent et finissent bientôt
par constituer un tronc unique, appelé grand
hypoglosse. C'est encore dans le bulbe qu'est
située la tige du calamus scriptorius, sur
laquelle s'implantent les stries acoustiques qui
se jettent dans le nerf auditif. La base du bulbe,

dirigée en haut, se continue avec la protubérance annulaire.

Le cervelet est un renflement comme le cerveau, mais beaucoup moins considérable. Il
occupe la partie postérieure et inférieure du
crâne. Il se compose de deux parties latérales,
ou hémisphères cérebelleux, et d'une partie
médiane ou lobe moyen. Le cervelet reçoit de
la moelle épinière deux cordons, pédoncules
cérebelleux inférieurs, et envoie vers la base
deux autres cordons, pédoncules cérebelleux
supérieurs. La surface supérieure du cervelet
présente une saillie longitudinale, divisée, par
des sillons transversaux et parallèles, en un certain nombre d'anneaux, et qui a reçu le nom de
vernis supérieur. A sa face inférieure, sur la
ligne médiane, est la grande scissure du cervelet.

L'Isthme de l'encéphale est une portion de la
masse encéphalique qui réunit entre eux le cerveau, le cervelet et le bulbe. Il comprend la protubérance annulaire ; les pédoncules cérebelleux moyens qui unissent le cervelet à la protubérance annulaire ; les pédoncules cérebelleux
supérieurs qui relient le cervelet au cerveau ;
la valvule de vieussens qui relie les deux céré-
belleux supérieurs ; les tubercules quadriju-
meaux, qui forment quatre saillies, disposées
deux par deux de chaque côté de la ligne mé-

diane; entre les deux tubercules antérieurs, on remarque une dépression triangulaire où vient se placer la glande pinéale ; le ruban de Reil qui est un faisceau de nerfs sensitifs qui s'élèvent vers le cerveau ; l'aqueduc de sylvius, canal longitudinal, faisant communiquer avec le ventricule moyen du cerveau une cavité placée entre le cervelet, le bulbe et la protubérance, et située sur le prolongement du canal central de la moelle ; il est appelé quatrième ventricule.

Le cerveau est situé dans la partie supérieure et antérieure du crâne. C'est à lui qu'arrivent toutes les sensations dites conscientes et qui sont recueillies à la périphérie par les nerfs sensitifs ; c'est de lui que partent les incitations motrices volontaires, transportées aux muscles par les nerfs moteurs.

Le cerveau a la forme d'un ovoïde irrégulier. Un profond sillon, situé sur la ligne médiane, le divise en deux parties, les hémisphères qui sont distincts, mais qui ne sont pas indépendants l'un de l'autre. Ce sillon est occupé par la faux du cerveau, membrane qui est la continuation de la dure-mère. Dans sa partie moyenne, ce sillon renferme une large bande horizontale, nommée corps calleux, et composée d'une multitude de fibres ; ce sont ces fibres qui relient entre eux les deux hémisphères. Ceux-ci sont

fonctionnellement symétriques ; comme pour
les poumons, et les organes doubles, si une
destruction lente et progressive se produit dans
un hémisphère, l'autre reprend, graduellement
dans sa fonction propre, la fonction de l'hémisphère malade.

L'aspect extérieur du cerveau présente un
grand nombre de plis et de replis, capricieuse-
ment ondulés ; ils ont été comparés à de petits
boyaux serrés les uns contre les autres, et encore à une étoffe de soie que l'on froisse légère-
ment dans la main. Ces plis et replis constituent les circonvolutions cérébrales.

Le cerveau est creusé, à l'intérieur, de quatre
cavités, nommées les ventricules du cerveau,
et qui communiquent entre elles.

* *

Les poids moyens du bulbe, du cervelet et
du cerveau seraient.

Pour le bulbe : de 6 à 7 grammes

Pour le cervelet : { chez l'homme,
143 gr.
chez la femme,
137 gr.

Pour le cerveau : { chez l'homme,
1127 gr.
chez la femme,
1093 gr.

Broca a pesé un grand nombre de cerveaux de sujets de différents âges; il a isolé les lobes et les a pesés séparément.

Voici le tableau qu'il a donné ;

	OLBE FRONTAL	LOBE OCCIPITAL	TEMPORO-PARIÉTAL	TOTAL
De 25 à 45 ans.	502	111	552	1165 .
De 70 à 90 ans.	429	112	458	999
Différence. . .	— 73	— 1	— 94	— 166

Le lobe frontal l'emporte donc sur le lobe occipital et est moindre que le temporo-pariétal.

CHAPITRE IX

—

Rapports entre l'Intelligence
et la Perfection du Cerveau

Le matérialisme a pu affirmer que des rapports existent entre la composition et la conformation du cerveau de chaque existence, et son niveau intellectuel.

Composition chimique, poids absolu, poids relatif, volume, voici tout ce qui a été essayé par la physiologie moderne.

Moleschott attribue surtout la supériorité intellectuelle de l'homme à la composition chimique et au phosphore principalement, qui en est le principe.

« Le principe de la pensée, dit-il, est le phos-
« phore, et on peut donner comme dernier mot
« de la science physiologique cet axiome : point
« de phosphore, point de pensée. »

L'encéphale humain est le seul qui renferme une quantité de phosphore appréciable, ajoute-

t-il. L'homme de génie est celui dont le cerveau
en est saturé, à un degré précis, que la science
détermine. L'homme ordinaire est celui dont le
cerveau en contient moins. L'idiot, celui dont
le cerveau n'en contient presque pas. Le fou
celui dont le cerveau en contient trop. Ainsi,
d'après Moleschott encore, le cerveau des
hommes de génie contient : 4,50 pour 100 de
phosphore ; des hommes ordinaires : 2,50 — des
idiots ; 1 — des aliénés : 5.

Passionné pour cette théorie, le savant Feuerbach dit : « Le phosphore est le grand agent de
la sensibilité et de l'intelligence, le stimulant
universel, l'âme elle-même. » Aussi, il signala
l'usage immodéré de la pomme de terre, en Eu-
rope, et il attribua à la consommation excessive de cette racine tuberculeuse l'affaiblisse-
ment, la dégénérescence des caractères, parce
qu'elle contient très peu de phosphore. Avec
lui, la belle gloire de Parmentier était détruite et
la pomme de terre combattue à l'égal de l'alcool.
Mais à côté du mal le remède, et Feuerbach
proposait, pour régénérer le tempérament moral, de faire usage de la purée de pois, ali-
ment très riche en phosphore ; dans sa conviction ardente, il fit un appel aux gouverne-
ments et les invita à pourvoir au salut de la
société.

L'enthousiasme qu'avait pu provoquer la théorie de Moleschott n'eut qu'un jour. Dans des travaux remarquables, de célèbres physiologistes, principalement MM. Lassaigne et Frémy l'ont réduite à néant.

M. Paul Janet, qui a résumé ces travaux, nous fait remarquer que la cervelle des poissons, qui ne passent point pour de très grands penseurs, contient beaucoup de phosphore. Il ajoute que M. Lassaigne a analysé de nombreux cerveaux d'aliénés et n'y a pas trouvé plus de phosphore que dans ceux des hommes sains en général. Nous savons, en outre, que les os renferment beaucoup de phosphore.

Après les qualités chimiques, on a eu recours aux qualités physiques : l'importance des circonvolutions, leur nombre, leur profondeur, leurs figures, en un mot, la structure de l'organe cérébral. Et c'est une opinion assez répandue encore que la puissance intellectuelle est en rapport du nombre et de la profondeur des circonvolutions cérébrales. Cette hypothèse est très ancienne. Soutenue par Erasistrate, elle fut combattue par Gallien. De nos jours, le naturaliste Desmoulins a essayé de la démontrer. Il nous dit : « Chez l'homme et chez « un certain nombre d'animaux, cet organe pré- « sente ce que nous appelons des circonvolu-

« tions et des anfractuosités. Or il est constant,
« par des études et des expériences, fréquem-
« ment répétées, que plus les circonvolutions
« de cerveau sont nombreuses et ses anfrac-
« tuosités régulières et profondes, plus grande
« est aussi l'activité intellectuelle. »

L'intelligence correspondrait donc au nombre
des circonvolutions ; nombre, qui s'élèverait
progressivement des rongeurs, ayant des cerveaux lisses, aux ruminants possédant des circonvolutions, et ainsi de suite des ruminants
aux pachidermes, de ces derniers aux carnas-
siers, puis aux singes, et enfin à l'homme, où
leur nombre atteindrait le maximum. Cette
échelle n'est nullement exacte. Elle est contre-
dite par les faits, d'après MM. Leuret, Dareste,
Gratiolet. En effet, des singes, comme les saï-
meris et les ouïstitis, qui sont très intelligents
pour leur espèce, présentent des cerveaux lisses.
Tandis que les chiens et les chevaux, qui sont plus
intelligents que les singes et les éléphants, ont
moins de circonvolutions que ces derniers, qui
en ont même un plus grand nombre que l'homme.

M. Flourens fait correspondre le degré d'intelligence avec le développement du cerveau d'a-
vant en arrière. Mais les faits ne sont pas plus
favorables à cette hypothèse : les singes seraient supérieurs à l'homme.

Une croyance plus générale encore est celle qui prête à la forme du cerveau le degré d'intelligence. Il s'agirait de savoir quelle est, parmi ces formes, celle qui pourrait être considérée comme supérieure aux autres. Faudrait-il admettre que ce sont les cerveaux les plus symétriques qui peuvent donner les plus belles intelligences ?

M. Paul Bert pense que l'on peut être intelligent et avoir une tête relativement petite, et même asymétrique ou mal faite. Retenons ce fait qu'il nous rapporte : « On sait, dit-il, que cette « régularité n'est nullement nécessaire, et par « une coïncidence assez piquante, le physiolo- « giste Bichat, qui avait soutenu cette thèse, « s'est trouvé avoir un hémisphère plus petit « que l'autre. »

M. Lélut admet que la forme extérieure de l'instrument ait une signification particulière dans les fonctions mécaniques ; que les dents, par exemple, soient, selon leur forme, incisives ou molaires, propres à broyer ou à couper, mais il ne veut pas supposer qu'il existe un rapport entre la forme ronde, pointue, ou carrée du cerveau et les facultés, mémoire, jugement, raisonnement.

La quantité ne pouvait échapper à ces recherches sur les rapports du cerveau et de l'intelligence. Quelques physiologistes ont pensé, en effet, que c'est le volume, c'est-à-dire la masse et le poids qui devaient donner la supériorité du cerveau. L'on supposait posséder ici une loi : « la force des organes est proportionnelle à leur masse ; c'est ainsi que les plus gros muscles sont les plus forts ». Mais cette loi souffre déjà elle-même des exceptions : témoin les insectes, dont les muscles, toutes proportions gardées, sont très minces, et qui sont mieux doués que tous les autres animaux, comme force musculaire ; les fourmis peuvent traîner des fardeaux qui sont relativement énormes. La théorie du volume du cerveau n'est pas moins erronée. On a pesé des cerveaux, pris dans les divers degrés de la série animale, et cette comparaison n'a pas donné les résultats espérés. La loi pourrait se vérifier chez un certain nombre d'animaux, mais les exceptions sont beaucoup trop nombreuses.

Le chien, d'après Leuret, n'a pas plus de cerveau que le mouton et celui-ci en a moins que le bœuf ; et le cerveau de l'éléphant, comme celui de la baleine, pèse beaucoup plus que celui de l'homme.

Deux méthodes ont été essayées pour avoir le poids du cerveau.

La première était de prendre le volume de la

masse cérébrale. La seconde de jauger la capacité intérieure de son enveloppe osseuse. Cette
seconde prévalut. Broca la considéra comme
la plus précise. Elle offrait l'avantage de pouvoir connaître les cerveaux de tous les peuples
anciens, en explorant les cimetières, les cavernes
antiques, et même de considérer l'enveloppe
osseuse sur les toiles, dans les musées. L'on fut
amené à constater que les cerveaux de ces
peuples avaient une capacité crânienne égale ou
même supérieure à celle des races les plus ci-
vilisées des temps modernes. En outre, la capacité crânienne serait, chez le Chinois, inférieure
à celle des nègres du Dahomey ; chez les Ca-
naques, égale à celle des Italiens ; et elle serait
aussi égale chez Esquimaux et chez les Parisiens ; les Auvergnats et les Bretons seraient
supérieurs aux Parisiens ; les Anglo-Saxons seraient au dernier rang de tous les peuples.

Voici, du reste, ce tableau très curieux :

Epoque de la Pierre polie. . .	1606 c. c.
Gaulois.	1592 —
Auvergnats.	1598 —
Bretons.	1583 —
Parisiens.	1559 —
Esquimaux.	1546 —
Canaques	1470 —

Italiens. . . . . 1467 c. c.

Nègres du Dahomey. . . . . . 1452 —

Chinois. . . . . 1424 —

Anglo-Saxons. . . . . 1412 —

Ces résultats si désolants ne purent satisfaire les anthropologistes. On abandonna cette méthode des cubages pour adopter celle des pesées, c'est-à-dire rechercher le poids des hémisphères cérébraux et comparer cette échelle des poids à l'échelle des facultés supposée dans la série animale.

Les constatations relevées ne sont pas moins curieuses que celles de la précédente méthode. Voyons plutôt. Le chien ne serait pas plus intelligent que le mouton et celui-ci le serait bien moins que le bœuf et l'âne. L'éléphant serait à peu près trois fois plus intelligent que l'homme puisque son cerveau pèserait trois fois plus, ou plus de 300 grammes. Pour les diverses races humaines, la différence entre elles serait très notable. Dans la même race, l'encéphale de la femme donnerait un poids inférieur à celui de l'homme et une différence assez sensible existerait entre les cerveaux des hommes eux-mêmes. Broca a signalé un cerveau très normal de 940 grammes chez un homme âgé de 58 ans et Boyd a trouvé chez un autre 1864 grammes.

La pesée des cerveaux des hommes célèbres a surtout éveillé la curiosité ; ils auraient été bien souvent supérieurs à la moyenne que Broca a fixée à 1326 grammes, et auraient ainsi permis d'accréditer cette méthode. Les médecins qui ouvrirent le cerveau de Pascal y trouvèrent « une abondance extraordinaire de cervelle » ce sont leurs expressions mêmes.

Celui de Schiller pesait . .	1785	grammes
— de Cromwell. . . .	2231	—
— de Byron.	1830	—
— de Broca.	1484	—
— de Dupuytren . . .	1435	—

Mais la pesée des cerveaux de Voltaire, de Raphaël, de Napoléon Ier aurait donné un démenti à cette méthode. La surprise fut bien grande, lorsqu'on apprit que le poids du cerveau de Gambetta était de beaucoup inférieur à toutes les moyennes connues. Il pesait 1160 grammes ; c'est le poids admis pour les cerveaux des enfants de 7 ans, et se trouvait sur la limite assignée, chez les adultes, à l'idiotie.

Chez le même individu la croissance de l'organe devrait correspondre au progrès intellectuel, tandis que ce progrès ne se réalise pas de la façon qu'il est naturel de supposer. Tandis que notre développement intellectuel ne se

9

produit que bien plus tard, c'est dans la première enfance, au contraire, que l'organe atteint
son complet perfectionnement. Le poids du cerveau a doublé, six mois après la naissance, et
a triplé deux ans après. Or, ce n'est que vers
l'âge de 7 ans que l'intelligence commence à
acquérir un certain degré de perfection ; c'est
l'âge appelé « de raison » ; mais cette perfection
ne s'affirme qu'après l'adolescence, à peu près
vers l'âge de 20 ans, et n'arrive à son plein épa-
nouissement qu'après trente ans. L'organe, au
contraire, reste stationnaire entre quatorze et
vingt ans, puis diminue d'une façon lente jusqu'à
la vieillesse.

Faut-il donc supposer que la raison se développe à mesure que le poids de l'organe diminue ? Faut-il admettre que, par suite de l'effort qui se produit dans l'intelligence pendant
l'enfance, pour l'acquisition des connaissances
et par suite du travail des facultés qui s'affirment,
l'organe aboutisse d'abord, par un prompt développement, à sa limite possible ? qu'il demeure
ensuite stationnaire pendant un certain temps,
puis diminue ensuite avec l'activité de nos facultés désormais constituées ? Mais comment
établir cet effort, chez l'enfant ? Ne dit-on pas
qu'alors la mémoire est « plus fraîche », le sou-
venir plus facile.

Il semble qu'il serait plus juste de penser
qu'à cet âge la matière cérébrale est comparable
à une cire molle, où l'empreinte est plus réali-
sable, et qu'au moment de transition, par un
effet encore tout matériel ou bien par un effet
de l'activité de l'intelligence, qui se ressai-
sit et acquiert un exercice plus intime, de ré-
flexion, d'attention, de raison, — peut-être les
deux, — le cerveau devient, si nous pouvons
nous permettre l'emploi de ce mot, plus « ras-
sis », comme l'esprit lui-même ; pour subir ensuite une diminution. Quoi qu'il en soit, voici la
statistique de cette marche du cerveau, qui est
la plus généralement admise.

A la naissance, poids moyen,	331	gr.
A 3 mois. . . . id.	493	»
De 3 mois à 6 mois, id.	603	»
De 6 mois à 1 an, id.	777	»
De 1 an à 2 ans, id.	942	»
De 2 ans à 4 ans, id.	1097	»
De 4 ans à 7 ans, id.	1140	»
De 7 ans à 14 ans, id.	1302	»
De 14 ans à 20 ans, id.	1374	»
De 20 ans à 30 ans, id.	1366	»
De 30 ans à 40 ans, id.	1357	»
De 40 ans à 50 ans, id.	1352	»
De 50 ans à 60 ans, id.	1343	»

De 60 ans à 70 ans, id.   1315 gr.
De 80 ans à 90 ans, id.   1282 »

Enfin on a essayé la méthode des poids relatifs
c'est-à-dire que le poids du cerveau serait pro-
portionnel à la taille et au poids total du corps
pour le même individu. Mais qu'il prenne de
l'embompoint ou qu'il maigrisse, deviendra-t-il
pour cela plus ou moins intelligent ? Les faits
ont montré l'inanité de cette nouvelle hypothèse. Le chien serait inférieur à la chauve-
souris, le cheval au lapin, à la chèvre et à l'âne ;
l'homme serait inférieur à plusieurs espèces
de singes, comme le saïmtri, le saï, le ouïstiti,
et même à des oiseaux, tels que la mésange,
le moineau, le serin ; et l'enfant serait quatre
fois plus intelligent que l'homme adulte. On
a substitué à cette méthode celle du cerveau
comparée au poids du reste de l'encéphale,
c'est-à-dire cervelet et bulbe. Là encore les
résultats sont les mêmes : l'homme serait à
peine supérieur au canard, à la corneille, au
sanglier, au cheval et au chien ; il serait l'égal
du bœuf et au-dessous du sapajou. On n'a pas
manqué de proposer la pesée de tout le système nerveux Mais est-elle possible ? Toutes
ces parties du système cérébro-spinal n'ont pas
toutes la même importance ; il faudrait tenir

compte de la part proportionnelle de chaque partie, de la proportion de ses éléments composants.

En somme, les matérialistes doivent convenir avec M. Ferrière qu'il y a dans le cerveau « une inconnue que la science n'a pu encore « déterminer : cette inconnue échappe à la « balance ainsi qu'à l'analyse élémentaire ».

CHAPITRE X

—

LA THÉORIE DES NEURONES

L'axe cérébro-spinal, voilà l'instrument de la vie active et intelligente chez l'homme. Il présente deux substances : l'une blanche et l'autre grise. Leur disposition diffère dans la moelle épinière et dans l'encéphale : dans la moelle épinière, la substance grise est au centre et la substance blanche à la périphérie ; dans l'encéphale, au contraire, la substance blanche est au centre et la substance grise à la périphérie. La substance grise est constituée par des fibres et des cellules, tandis que la substance blanche n'est formée que par des fibres. Celles-ci ne sont pas de même nature dans l'une et l'autre substance : elles sont dans la substance blanche, à myéline, matière grasse, qui lui donne cette couleur ; elles sont sans myéline dans la grise. Les fibres sont considérées comme des conducteurs de l'influx nerveux. Les cellules sont les centres trophiques des fibres qui en émanent. Leurs formes sont très variables : globuleuses, étoilées, fusiformes, ovoïdes, pyramidales. Les plus volumineuses, appelées pour cela géantes, se rencontrent dans les zones motrices du cerveau ; de dimensions moindres dans la moelle, et plus petite encore dans les régions sensitives de celle-ci ; dans la région du cervelet, elles sont considérablement réduites dans leur volume.

On attribue ces différences de dimensions entre les cellules, à leur distance de la région musculaire qu'elles y innervent pour les cellules motrices, et pour les cellules sensitives du centre cérébral où elles aboutissent. Une masse de protoplasma constitue ces cellules, qui portent au centre un noyau, lequel renferme un nucléole. De ces cellules partent des prolongements, dont les uns ne sortent pas de la masse protoplasmique, et les autres se subdivisent un grand nombre de fois en branches, rameaux et ramuscules, ce qui leur donne l'aspect d'arbres dépouillés de leurs feuilles.

Depuis plusieurs années, l'anatomie a formulé une véritable théorie au sujet des cellules et des fibres. Elle considère chaque cellule, avec ses prolongements et la fibre qui en émane, comme un tout, auquel elle a donné le nom de neurone. Le système nerveux central serait

donc composé de neurones, qui présenteraient
un centre, ou corps du neurone, la cellule, et
une partie périphérique, les prolongements.
Ces centres différeraient entre eux : évidemment les uns seraient moteurs et les autres
sensitifs ; les uns dirigeraient les incitations
motrices vers les muscles ; les autres rece-
vraient les impressions venues du dehors. Les
nerfs des cellules motrices des circonvolutions
cérébrales conduiraient les incitations produites par l'encéphale aux cellules de la moelle ;
et les nerfs moteurs des cellules de la moelle
porteraient ces incitations aux muscles qui se
contracteraient. Cependant, les neurones seraient absolument indépendants entre eux et
n'agiraient les uns sur les autres que par le
contact des terminaisons libres de leurs prolongements.

Cette théorie des neurones paraît fort bien
fondée, et les plus célèbres anatomistes de nos
jours croient que les nouvelles études ne pourront que la compléter au lieu de la rejeter et
de la détruire.

Quel serait le fonctionnement des neurones,
d'après cette même théorie ? Que l'on considère
par exemple, la cellule du neurone olfactif,
qui est placée, dans la muqueuse olfactive, et
dont les deux prolongements, l'un reste dans

la couche épithéliale de la muqueuse, et l'autre se rend au bulbe olfactif : une impression odorante serait perçue par l'extrémité libre du prolongement, qui demeure dans la muqueuse, lequel la transporterait jusqu'à la cellule olfactive, et le prolongement de celle-ci la transmettrait au bulbe olfactif où il se rend.

Les neurones agiraient par le contact, ainsi que nous l'avons déjà exprimé, les uns sur les autres ; or, ce serait donc à ce point de contact que l'impression périphérique se traduirait en incitation motrice, transformation qui constitue l'acte reflexe. Le mouvement volontaire s'expliquerait par ce mécanisme : une incitation motrice, qui partirait d'une cellule cérébrale, suivrait le prolongement qui se rend à la moelle et dont les fibrilles terminales de ce prolongement prendraient contact avec le prolongement, qui demeure dans le protoplasma, d'une cellule de la moelle ; ce contact produirait la transmission par un ébranlement effectué sur cette cellule de la moelle, qui, à son tour, la renverrait au muscle. Telle est assez rapidement résumée cette théorie des neurones que l'anatomie a établie.

*
* *

Nous n'avons jusqu'ici qu'une suite de mou-

vements, d'ébranlements nerveux, traduits par
les phénomènes extérieurs sur les parties périphériques de notre système nerveux, et commu-
niqués de cellule en cellule. Mais cet ébranlement ne nous explique nullement comment l'impression devient sensation, s'exprime, en quelque sorte, prend vie, de façon à devenir l'idée.
Nous voyons les sensations partir de la périphérie
aboutir au cerveau et du cerveau retourner aux
muscles, mais nous ne voyons pas l'intelligence,
la pensée.

CHAPITRE XI

—

ECORCE CÉRÉBRALE.
LES LOCALISATIONS MOTRICES ET SENSITIVES

Dans l'écorce cérébrale on a pu distinguer
deux zones. L'une, qui a été appelée excitable,
offre à l'observation des réactions physiolo-
giques. Toute lésion, pathologique ou expérimentale, produite dans cette zone, entraîne
une paralysie des groupes musculaires du côté
du corps, opposé à leurs centres dans l'écorce.
L'autre zone comprend tout le reste de l'écorce
et a été appelée latente, parce que sa destruction n'entraîne pas de paralysie motrice.

On a relevé aussi dans l'écorce quatre
couches renfermant chacune des cellules nerveuses, qui diffèrent dans chaque couche. Dans
la première sont des cellules polygonales, fusiformes et triangulaires, auxquelles on n'a pu
encore attribuer de signification physiologique.
Dans la seconde, sont des cellules petites et
pyramidales ; leur protoplasma est granuleux
et d'aspect strié ; au milieu de ce protoplas

est un noyau assez volumineux et arrondi, qui renferme lui-même un nucléole. Il a été constaté que ces cellules ne se rencontrent que dans l'écorce cérébrale ; bien plus, tous les vertébrés semblent posséder ces cellules, mais à mesure que l'on descend l'échelle animale, elles sont de plus en plus petites et simples. Par suite de cette double considération, on a cru pouvoir leur donner le nom de cellules psychiques, nom qui leur accorde déjà par lui-même un rôle important dans le phénomène de la pensée. Quel est, néanmoins, ce rôle ? Comment fonctionnent ces cellules ? On ne peut rien préciser, ou plutôt on n'en sait rien. On ne connaît pas plus la signification physiologique des cellules des troisième et quatrième couches. Celles de la troisième sont de grandes cellules pyramidales, qui ne diffèrent des précédentes que par le volume ; leur nerf conducteur est aussi plus épais et présente un plus grand nombre de collatérales ; c'est à ce groupe de cellules qu'appartiennent les Géantes, plus volumineuses encore que celles de leur groupe. La quatrième couche renferme des cellules de dimensions et de formes très variables : elles sont fusiformes, ovoïdes, triangulaires. Ne nous occupons pas plus longtemps de ces cellules dont nous ne savons rien au sujet de leur fonctionnement, et passons aux localisations motrices et sensitives qui ont été établies dans la zone excitable, par suite de nombreuses expériences. On a distingué dans cette zone trois centres moteurs : centre du membre inférieur, centre du membre supérieur et centre des mouvements de la langue et d'une partie de la face. Le centre moteur du membre inférieur serait situé dans les deux circonvolutions frontale ascendante et pariétale ascendante ; le centre moteur du membre supérieur se trouverait au-dessous du précédent dans les mêmes circonvolutions ; le centre moteur de la langue et d'une partie de la face, c'est-à-dire de tous les muscles de la face, sauf ceux du front, des paupières et des yeux, serait placé dans la partie postérieure des deux circonvolutions frontale et pariétale ascendantes. A ces centres moteurs se rattachent deux centres d'association : le centre du langage articulé ou centre de la parole et le centre du langage écrit ou centre de l'écriture. Le premier a été localisé par Broca en 1861. Il serait situé dans la troisième circonvolution frontale gauche. Sur tous les malades atteints d'aphaxie motrice, Broca constata une lésion de cette circonvolution. Le malade atteint d'aphémisme ou d'aphaxie motrice, entend, lit, écrit, mais il ne peut prononcer les mots, et cependant il n'y a pas paralysie de l'organe vocal : larynx, langue, lèvres ; il ne sait plus coordonner les mouvements ; il a perdu la mémoire des mouvements du langage.

Le centre du langage écrit serait situé dans la deuxième circonvolution frontale gauche. Le malade entend, parle, et lit très bien l'écriture, mais il ne sait plus écrire ; il a perdu la mémoire de l'écriture. Et ces deux mémoires que nous venons de voir ne peuvent plus se refaire par l'éducation.

Ces centres seraient donc parfaitement des centres d'élaboration d'images, et tiendraient sous leur dépendance, l'un l'exercice des muscles phonateurs, l'autre celui des muscles par lesquels s'affectue le mécanisme de l'écriture.

La zone de l'écorce, en rapport avec la sensibilité, serait exactement la même que la zone motrice. La zone excitable est donc mixte, sensitivomotrice.

Elle comprendrait par conséquent les quatre centres, auxquels aboutissent les impressions sensorielles, centres : visuel, auditif, olfactif, et gustatif. Le centre visuel serait situé sur les deux faces, inférieure et interne, du lobe occipital. La destruction de ce centre entraîne, en effet, la cécité verbale. Le malade n'est pas aveugle ; il voit encore les lettres et les chiffres,

mais il n'en comprend plus le sens. Le centre
auditif occuperait la partie moyenne de la première circonvolution temporale. Sa destruction
détermine la surdité verbale. Le malade n'est
nullement sourd, mais il ne sait plus comprendre ce qu'il entend, traduire les mots arti-
culés dans les images mentales correspon-
dantes, et il ne peut lui-même exprimer que
des idées désordonnées. Ce cas s'observe principalement après des attaques d'apoplexie. Le
centre olfactif aurait son siège dans la partie
toute antérieure de la circonvolution de l'hyp-
pocampe. Le centre gustatif paraîtrait placé en
arrière du centre olfactif, c'est-à-dire dans la
partie moyenne de la circonvolution de l'hyp-
pocampe. Evidemment, bien des idées sont
émises par différents anatomistes, touchant la
constitution et certains fonctionnements du cerveau, mais sur lesquels l'accord ne s'est pas
encore produit et qui ne sont pas généralement
admises pour la science anatomique ou physiologique. Elles ne peuvent donc être envi-
sagées philosophiquement. Tandis que les localisations que nous venons de citer plus haut
sont déjà depuis assez longtemps acceptées
comme des résultats définitifs.

Mais il serait très souhaitable que l'on puisse
atteindre à une connaissance plus achevée de

ces parties du cerveau. Cette connaissance
pourrait offrir des avantages bien utiles, comme
de prévenir ou de guérir certaines lésions. Il
est vrai, cependant, d'une façon générale, qu'il
est impossible d'arriver à faire disparaître toutes
les infirmités de notre corps. Qui peut l'espérer ?
nous laissons cette douce confiance aux amateurs du rêve.....

Quant à nous, nous regrettons principalement, et avec plus de sincérité que les matérialistes, qui sont par trop facilement satisfaits,
et qui courent, avec un empressement renou-
velé chaque fois, des moindres révélations
à leur chère conclusion, nous regrettons,
disons-nous, que ces découvertes, réalisées
sur le cerveau, et qui fixent dans ces différentes portions de l'écorce cérébrale des fonctions connues, soient impuissantes à nous faire
savoir comment ces parties sont capables de
ces fonctions qui leur sont dévolues, en raison
de quelle propriété et de quelle situation elles
le sont. Mais nous demanderons aux matérialistes s'il est bien nécessaire d'obtenir cette
précision scientifique pour mieux se persuader
que rien n'a été fait en vain et que tout a son
rôle comme son utilité. Sans aucun doute, il y a
partout, dans la matière, un perfectionnement
réel, sans lequel, pour employer le mot qui

convient, toutes choses ne seraient pas c
qu'elles sont.

Mais ici, des constatations sur des cerveaux
où telle fonction avait cessé, ou avait été dimi-
nuée, dans sa puissance, constatations plusieurs
fois renouvelées, ont permis de délimiter le
centre de telle fonction dans telle partie du cerveau, et tout s'y borne. En outre, elles témoi-
gnent de ce seul fait la puissance de retenir;
retenir des images, retenir les manières de
coordination entre les images et les actes musculaires, voilà ce que nous savons du cerveau
et de la pensée. Peut-on prétendre, après cela,
que l'élaboration des phénomènes psychologiques soit expliquée ; peut-on croire avoir le
droit de confondre psychologie et physiologie
ou plutôt de noyer celle-là dans celle-ci ? Mais
où a lieu l'élaboration de ces phénomènes
psychologiques ? C'est l'inconnu. Il faut aussi
une faculté qui associe ces différentes fonctions,
qui les associe pour rendre possible la connaissance : permanente, identique, une, le moi.
Quelle est cette faculté ? où est-elle localisée ?
cette faculté est l'inconnu.

Nous ne posséderions plus en nous qu'un
véritable automatisme ; nous ne serions plus,
vraiment, que des morts-vivants ; nous n'aurions plus qu'un cerveau sans pensée..

Si nous n'avons que mémoire en nous, n'empêche que nous avons différentes mémoires, par conséquent, des puissances de retenir différentes, séparées ; et, pourtant, il existe en nous une fonction générale, l'unité simple ; nous croyons que celle-ci est une résultante, fort bien ; mais ces différentes puissances n'y aboutissent que grâce à une faculté dominante, supérieure, qui les allie en s'alliant à elles ; qui les vivifie et les éclaire d'une façon permanente ; qui est le principe de toutes et dont toutes en dérivent..... Que tout ce qui concourt à la formation de notre pensée aie donc sa place marquée, en nous, c'est tout naturel ; mais ceci n'enlève rien à la puissance que nous proclamons ; il en complète, au contraire, la démonstration ; il en nécessite de plus en plus la réalité. Il n'y a que mémoire en nous. La mémoire est, bien entendu, le fondement de notre pensée et c'est sur la mémoire que toutes les autres facultés fonctionnent. C'est la pièce primordiale de la machine. Mais comment se constituent ces autres facultés que nous savons en nous et qui nous élèvent au-dessus des sphères de la matière ? En un mot, comment expliquer toute notre pensée, avec sa grande puissance ?

La science ne le peut.

CHAPITRE XII

—

SENSATION ET IDÉE PURE.

Il est beau de connaître tout cet assemblage et ce fonctionnement du système cérébro-spinal. Il serait beau de pouvoir saisir cette impression qui va devenir une sensation, puis une idée, et qui sera enfin une volonté.

Mais le vrai, la puissance de la pensée est là où il n'y a plus de mouvement, plus de chaleur, plus de fluide, plus de matière en aucune façon. Pensée ? Qu'est-ce ? Il nous semble que toute la philosophie se concentre là. Nous pouvons encore dire que les idées sont des images, mais il faut savoir comment notre esprit les voit, par quel œil intérieur, puisque c'est dans l'esprit lui-même qu'elles se forment. Il faut donc le dédoubler, y reconnaître deux puissances, ou deux actes. Cette constitution si compliquée, ainsi que nous l'avons vu, n'est pas en vain, et ce n'est pas au hasard que l'on peut attribuer une pareille répartition des par-

ties matérielles, différentes en nature et en
forme; elle ne peut être due qu'à une intelligence
et une sagesse parfaites, qui ont accordé à cette
matière le pouvoir de se connaître, de se suivre
et de sortir enfin d'elle-même, pour s'élever
vers où ?...... ... Là où rien ne lui répond, où
rien ne l'admire, où rien ne lui accorde cette
satisfaction qu'elle semble réclamer et qu'elle
mérite !.... En effet, il y des hommes qui disent
fort bien : je suis la matière perfectionnée, je
suis la matière à son point culminant de puissance ! Je suis matière.. Et toi, ô homme, tu ne
sais plus aller plus loin! Le dur cristal, l'humide
infusoire, et toutes les existences qui peuplent
cette planète forment tes ascendants, et tu as
dégénéré. Ne l'a-t-on pas dit ?

« L'homme qui pense est un animal dépravé?»

....Blasphème que l'homme s'adresse, non pas
une seule fois, non par un seul, mais souvent
et par la généralité !..... Et tu as beau bâtir des
forteresses, percer des montagnes, exploiter des
mines, parcourir les terres, les mers, les airs,
te creuser la tête, la marteler nuit et jour : tu
es un dégénéré, une épave de l'œuvre considérable, à laquelle avaient travaillé, pendant des
millions et des milliards de siècles, des reptiles,
des insectes, des invertébrés, des vertébrés,
des mammifères, qui mouraient à la tâche, mais

qui faisaient éclore, d'espèce en espèce, des
produits admirables d'organismes, de force,
d'intelligence, pour te produire enfin, l'organisme le plus complet, le plus régulier, le plus
vivant, et l'intelligence même.... Mais toi, depuis dix mille ans que tu as été produit, tu ne
sais que te contempler et jouir des fruits de
cette matière qui a travaillé pour toi !...

Reconnaissons, plutôt, au scintillement de la
pensée, un je ne sais quoi qui vit en nous et
nous échappe complètement, qui nous fait tels,
et que nous ne saisissons pas. Voici cette impression qui va suivre un chemin très acci-
denté, plein de détours, de ravins, de sommets
et qu'une fois, dans cette partie finale, l'écorce
cérébrale n'y reste plus, en sort, voltige autour de nous, transformée, insaisissable, et
qui nous tient sous sa domination, en éveil. O
fondement de notre pensée, quelque chose
parle et vit en nous, qui est de toi, qui vient
pour nous éclairer et que nous n'atteignons pas ;
tu es l'être et elle est l'existence, tu es la réaction
et elle est l'action, tu es la vie et elle est la mort !

⁎
⁎ ⁎

La pensée s'élève en puissance, comme atti-
rée vers une autre pensée, qui lui parle en

quelque sorte et qui semble vouloir lier relation avec elle, mais qui est d'un autre ordre ou
d'une autre nature, qui n'est plus constituée par
les images des réalités que nous percevons ;
qui est elle-même une réalité et agit non pas
sur nos sensations, mais sur la pensée de nos
sensations, une pensée encore matérielle, et
qui met en elle cette puissance de « savoir
qu'elle sait » et de « connaître qu'elle connaît » ;
et c'est dans cette connaissance que l'idée pure
exerce son action entière, d'aspiration, d'intuition, de surintelligible.... Je sens. Je pense.
Je suis. Ce sont les termes véritables correspondant aux trois vies sensible, intellectuelle,
surintelligible qui sont en nous, et exprimant
toute l'étendue de notre pensée, ou ses degrés : sensation, pensée réelle, pensée essentielle (de l'essence) ou éternelle.

Ces trois vies répondent donc aux trois
mondes : de la matière ou des sens, de l'intelligence et du parfait. Elles constituent la gra-
duation par laquelle nous nous élevons à l'Absolu, et qui nous permettent de nous unir à
Lui par la subordination de notre Etre même
après avoir soumis à lui-même nos sens et
notre intelligence. Mais comment passerons-
nous d'une perfection à l'autre ?

Ceci réclame la nécessité de lutter dans la

première pour donner plus de force à la seconde, et lutter dans la seconde pour faire dominer la troisième. Et nous le pouvons, car, comme
nous le disions plus haut, nous distinguons
parfaitement un moment, — dans le mouvement
progressif de notre pensée, — oui, nous admettons un progressif réel de notre pensée; que cela
ne puisse étonner, à première vue, les matérialistes, car ils sauront immédiatement quelle
nature se place entre leur progression et la nôtre,
un moment, donc, où la pensée reçoit comme
la vertu d'une puissance qu'elle n'a pas ressentie
tout d'abord, d'une fleur dont l'arome ne la péné-
trait pas encore, celle qui doit la conduire à sa réalité éternelle ; mais la progression demeure toujours en elle-même, ne l'oublions pas, car cette
force fut toujours son principe d'unité, comme
elle fut celui de vie, et la pensée qui est sensible au commencement, est après ce moment
la raison dont elle ne se sépare plus. C'est donc,
en dernier lieu, toujours la pensée dans des
natures qui la font sensible au point de départ,
et raison dans son développement. Or, comme
toute chose est considérée, principalement,
dans sa valeur présente, actuelle, dans son point
de perfectionnement, c'est pourquoi la pensée
a, de tout temps, signifié raison. Oui, il est un
fait constant dans l'histoire de la philosophie,

c'est que le mot pensée a toujours répondu au mot raison.

Dans tous les systèmes philosophiques, la raison a toujours été la faculté de connaître l'immatériel et l'absolu, et la pensée, la raison en acte.

Mais comme l'instinct a un rôle puissant dans notre nature double, nous établirons le développement des deux états opposés, mais confondus dans l'union qui fonde notre existence : état d'instinct et état de raison.

L'observation, en effet, dévoile chez l'homme deux états en face l'un de l'autre, permanents et luttant pour avoir la prédominance, que nous venons de désigner, l'un par le nom d'état de raison, l'autre par celui d'état d'instinct. La raison et l'instinct, voilà les deux grands moteurs, ou plutôt les deux grandes sources de tous ses actes. Il est nécessaire d'établir la distinction qui sépare ces deux puissances, afin de mieux comprendre l'activité humaine dans tout son exercice. C'est par la raison que l'homme observe, juge, délibère et décide ; c'est à l'instinct que reviennent ces mouvements spontanés, ces décisions subites, ces actions promptes et rapides.

L'état d'instinct est le premier qui entre en exercice, c'est-à-dire qu'il agit tout le premier

sur le corps dès que celui-ci a la vie, la vie
nutritive ; cet état est intimement lié à celle-ci.

L'état de raison ne commence à s'affirmer
que bien tard, car il est intimement lié à l'Etre,
passif (1). L'être passif tout d'abord, ne se
dresse, ne perce que bien après, à travers le
travail excessif de l'existence, qui évolue, se
forme, se constitue, et l'Etre *n'exerce* aucune influence tant que l'Existence ne s'est affirmée
dans son entier *exercice*. Chez le nouveau-
né, l'existence n'est pas encore complètement
dégagée de l'existence — mère, elle n'est pas
encore une existence complète et entière et,
aux premiers jours, l'enfant sorti du sein de
sa mère reste attaché à ce sein, il est « comme
retourné » du dedans au dehors ; il a reçu au
dedans sa vie végétative, il puise maintenant
sa vie nutritive. Ses paupières ne se dilatent
pas encore, ses yeux ne s'ouvrent pas à cette
lumière qui semble l'effrayer ; mais peu à peu
la vie végétative acquiert une certaine force ;
l'enfant supporte mieux l'influence atmosphéri-

---

(1) Ce mot « passif » ne signifie pas que l Etre puisse
comporter en lui-même un caractère passif et un autre
actif ; il le fallait ici par cette explication de son apparition et de son union avec l'existence. Dès qu'une existence
voit le jour, l'Etre est déjà procréé de toute éternité dans
la pensée divine.

que environnante et nouvelle ; il va commencer bientôt à tourner ses regards vers le visage de sa mère, ange penché sur lui, qui lui parle : vers les autres personnes qui lui parlent aussi cherchant toutes à éveiller cette intelligence endormie, pour obtenir ce petit geste, ce premier sourire, qui va les ravir de la joie la plus pure et la plus rayonnante. Ces voix, ces gestes, de sa mère surtout, sont les premières impressions produites sur ses sens et qu'il perçoit ; ils lui communiquent un brin de cette puissance qui est chez sa mère, ils tracent les voies ; et l'enfant sourira, ses bras se tendront. L'enfant, avec son premier sourire, avec ses premiers ébats, vient vivifier en nous comme l'éclat, les rayons de la lumière qui agit sur nous, invisible et cachée ! Que les matérialistes placent partout le mouvement, ou des mouvements qui s'allient correspondent, nous n'y voyons que celui de l'élan, l'impulsion vers ces rayons, sous quelque forme qu'ils nous arrivent du foyer-vie. Les deux rayons les plus puissants, et peut-être les plus seuls réels, sont ceux dont nous venons de parler ; la voix et le geste, qui se confondent, qui s'identifient pour nous dévoiler *le Verbe*. C'est l'action, c'est la vie, chez l'homme, celle qui est réservée à lui seul......... Dieu a parlé et nous sommes. Qu'importe l'organe lui-même,

la parole ? Nous devons l'Etre à la puissance de
Dieu : nous devons le verbe à son acte. Et
l'Etre par le verbe pense, comprend, aime.
Voilà où tout est condensé, retenu, réalisé :
l'Etre et le verbe.

Un jour, l'enfant a enfin bégayé un mot. O
ravissement ! L'enfant a parlé ! c'est la source,
la source féconde percée.

Le jeu est formé. Chaque jour il formulera
d'autres mots... Il a parlé ! Le bien, le mal vont
se présenter, lorsque des genoux de sa mère
il retombera sur terre, à laquelle il appartient
désormais et qui en fera un jour sa proie...

L'existence ne revêt donc sa personnalité, son
identité, qu'en prenant contact peu à peu avec le
monde extérieur, c'est alors que la raison s'é-
veille, sort comme de son état léthargique, et
sous l'action du verbe dont nous avons parlé
précédemment, l'Etre se manifeste. L'Etre et
le verbe voici ce que Dieu a déversé sur le monde
et qui y demeurent, faisant de l'homme la créature à qui l'éternité est promise.

Ainsi, pour l'état de raison, il y a à distinguer
deux caractères : l'actuel déterminé, et limité,
et l'éternel, qui ne peuvent correspondre et
s'allier que par le verbe.

Disons, enfin, que l'état d'instinct se développe de nature, de milieu et de direction. Et

le second se développe en raison inverse du
premier ; que celui-ci augmente et le premier
diminue ; que le premier augmente et le second
diminue. Et il n'y a pas de passage vide, ni
même de degrés entre l'un et l'autre état, c'est-
à-dire d'arrêt d'un côté devant l'augmentation
de l'autre, ni de diminution graduelle devant
le prolongement de l'autre ! pas de séparation,
pas de milieux tranchés : ce n'est pas parallèle-
ment que les deux états agissent, mais simulta-
nément resserrés, en quelque sorte l'un contre
l'autre. Même ici la nature a horreur du vide.

Tout est action dans la nature. Et le fondement de l'activité est la dualité.

Le jeu de la nature entière repose sur celle-ci.

Le jour et la nuit.

La lumière et l'ombre.

La veille et le sommeil.

La vie et la mort.

Le mouvement et l'inertie.

Sans la dualité ce serait l'uniformité absolue,
l'inaction, l'anéantissement.

Et l'unité est le premier principe du tout,
c'est le point central, et c'est le point conservateur. Retirez l'unité et tout s'écroule. Retirez
la dualité, et le monde devient un bouleverse-
ment, un chaos, ou la destruction progressive.

De même il y a dans les existences vivante

une nature passive et une nature agissante ; une nature passive qui reçoit les effets du monde extérieur, et une nature agissante, qui contre-balance ces effets, qui est une réaction et non une simple action.

Ces deux natures se trouvent, chez l'homme ; sans une nature passive, comment serions-nous capables de recevoir les impressions du monde extérieur ? Et, à côté d'elle, la nature active, sans laquelle nous ne pourrions expliquer la volonté et la liberté.

Cette dualité est aussi pour notre pensée : pensée matérielle, scientifique, et pensée pure.

DIEU ET L'HOMME

SAVEZ-VOUS LIRE ? — VIE. — RÉALITÉ. — EXISTENCE ET ÊTRE. — IDÉE ABSOLUE.

SAVEZ-VOUS LIRE ?

Ce serait faire l'injure la plus grave à quelqu'un que de lui poser cette question ordinairement adressée aux petits enfants : savez-vous lire ?

C'est plutôt gavroche qui, pour réponse, vous renverrait la question : mais, le monsieur si gentil, qui me le demandez, si à votre aise, si sûr de vous-même, si convaincu de votre grand savoir, eh bien ! savez-vous lire ?

Comment ?...... Oui, dira gavroche, vous connaissez à peu près tous les mots de votre dictionnaire ; vous n'ignorez pas du tout les règles de votre grammaire, et vous êtes familiarisé avec les richesses, les finesses, l'élégance de votre langue. Tout de même, savez-vous lire ?

Et victorieusement, il poursuivra : le grand livre est ouvert depuis longtemps sous vos yeux ; le livre de la nature est constamment devant vous, et c'est à peine si vous savez épeler quelques lettres ! Pourquoi ? Depuis que l'homme y lit, c'est à l'envers. Personne n'est venu qui a su tourner le livre. De là tant de tourments, tant de luttes, pour déchiffrer dans ce clair-obscur quelques notions. De là

11

aussi tant de disputes qui ne finiront sans doute qu'avec le monde lui-même. Et l'homme n'aura jamais su lire le livre entier !

Mais, faute de découvrir l'explication vraie du tout, il aura beaucoup supposé, beaucoup imaginé. Aussi, quelle marche difficile, pénible au milieu de tous ces problèmes, de tous ces systèmes qui se combattent et se contredisent !

Tu gagneras ton pain à la sueur de ton front !.....

Quels sentiers de ronces et d'épines à parcourir ! Vous vous piquez ici, vous vous égratignez là ; par moments ce sont de vraies déchirures et de fortes meurtrissures. Un instant vous êtes réjouis, mais pour être de nouveau vite morfondus !

Quel rude chemin à parcourir ! quel étonnement, quel effroi et quelle tourmente éprouvés !

Et sur le sommet que vous voulez atteindre, vous venez pour y chercher la vie !...... vous avez devant vous, au contraire, le vaste champ de la mort.

Cadavres, débris épars, lambeaux de toutes sortes !

C'est là tout un système pourri. C'est ici une théorie déchiquetée et meurtrie. Des lois abandonnées, des principes rejetés gisent partout.

Quelques fleurs se montrent néanmoins, fleurs de ruines, qui se plaisent à naître là.

Elles sont cueillies pour être transplantées. Auront-elles un meilleur sort ? ...... Mais gardez-vous de rester là, fatigués, abattus, désespérés.

Plus haut !.....

Quel rude chemin encore !

L'on monte et l'on glisse ; l'on avance pour reculer encore. L'on a de ces retours et de ces entraînements en arrière, comme si l'on remontait un courant ; fluctuations qui affligent. Mais, malgré ces arrêts, ces chutes et avec elles ces inquiétudes et ces regrets, l'on ne cesse de monter.

Et la cime gagnée, quelle force, quelle vigueur inconnues vous ressentez immédiatement ! c'est que vous avez brisé les chaînes qui vous retenaient attachés à la matière. Vous ne connaissez plus le doute. La nature vous plaît. L'homme vous paraît plus grand et plus noble. Vous vous trouvez au vrai sommet d'où vous voyez la matière et son essence, l'existence et l'être ; d'où vous découvrez le point de jonction où le sensible finit et le supra-sensible commence.

CHAPITRE Ier

—

LA VIE

L'homme aime la vie. Même au milieu de la douleur, l'homme veut vivre. Comme le vieillard du fabuliste, si, dans un moment de désespoir, il fait appel à la mort, dès qu'elle se présente, son attachement à la vie reparaît aussitôt.

L'homme aime la vie. Cette véritable passion pour elle est son trait dominant. Ne pas mourir serait son grand désir ; ne pas mourir c'est son souhait de chaque instant !

Mais l'homme sait que la vie ne lui appartient pas. Chaque chose meurt dans la nature et le tout reste. Chaque homme meurt et la vie continue.

La vie n'est pas chose individuelle. Pourquoi l'homme aime-t-il la vie ? L'homme n'aime que ce qui lui appartient en propre, il n'aime pas toutes choses, mais quelques-unes d'elles.

Pourquoi aime-t-il la vie ?

L'homme s'aime lui-même et il aime tout ce qui le touche de près, mais il sait que lui-même et tout ce qu'il peut affectionner sont choses périssables.

Pourquoi l'homme aime-t-il la vie ?

S'il aime, l'homme embrasse dans son affection tout ce qui tient à l'objet de son amour, voilà pourquoi il aime la vie telle qu'elle est, même avec ses douleurs, ses amertumes, ses misères, ses pertes, ses séparations.........

La vie est la grande habitude, et l'habitude fait tout l'homme. C'est pourquoi ce dernier est si attaché à la vie.

L'amputé des deux jambes aime encore la vie, et il n'a pas de regret pour les membres perdus, mais pour sa diminution d'action. Et cependant, une bonne partie de lui-même a disparu. Avec son buste posé sur un petit carré de bois, roulant sur deux roues, qu'il met en mouvement, en appuyant sur terre ses deux mains, sans doute cet homme n'est pas heureux, mais il regretterait de quitter la vie. Sa tête subsisterait seule, par impossible, à la disparition de tout le tronc, il fixerait la vie toujours ; touts on corps a disparu pourtant, mais son regret est la perte du mouvement, de l'activité, de la vie.

La vie est donc toute concentrée dans notre

pensée, mais elle réclame du corps, pour elle-
même, pour le jeu de son activité, qu'il demeure maintenu dans le mouvement, dans le
contact avec le monde extérieur.

**

O vie, tu n'es qu'un mot !

Nous voulons expliquer la vie comme si nous
connaissions le non-vivre. La matière n'a pas
commencé, la matière ne doit pas finir, disent
les matérialistes. La matière a eu un commencement, et elle aura une fin, disons-nous, mais
nous avons une âme, et celle-ci est éternelle.
Des deux côtés nous avons l'éternité ; la conception du non-être est donc impossible à l'esprit de l'homme. Nous voyons la matière, dans
ses parties, tomber, se désagréger, se décom-
poser. Mais voyons-nous la fin de cette décom-
position ? Elle nous échappe.

Qu'est-ce que la vie ?

**

La vie se présente à nous comme une
longue complainte ; l'homme s'en va toujours
sans l'avoir achevée ! Tous les hommes de tous
les temps disparaissent et la complainte ne
s'achève jamais ! chacun vient la reprendre à

sa naissance jusqu'à son dernier souffle ! La vie qu'est-ce ?

*
* *

L'homme marche, la vie l'accompagne. Mais sa fatigue augmente sans cesse, et la vie rayonne toujours moins autour de lui. Sa marche s'effectue vers le trou noir,... énorme, aux dimensions incalculables, qui engloutit toutes les existences. Le voici ! L'homme est sur le bord. C'est le domaine de la hideuse mort. Elle y plane. La vie, cette servante de la mort, le lui a conduit. La mort le pousse dans son gouffre !....

La vie où s'est-elle envolée ? — nulle part. La vie est ambiante ; elle est partout jusqu'au trou noir.

*
* *

Mais comment envisage-t-il la vie ? Principalement, les effets extérieurs ont prise sur lui, d'une façon excessive, et c'est vers eux qu'il se tourne beaucoup plus que vers sa nature intime. De là ces opinions si diverses que l'on rencontre, pessimistes, optimistes, sceptiques. Les pessimistes croient que la vie est le mal, que l'homme est misérable même lorsqu'il croit être heureux, que le bonheur en somme n'existe pas. Les

optimistes, au contraire, proclament que la vie
est le bien, que l'homme peut être toujours
heureux. Entre ces deux ordres se placent les
sceptiques, prenant tout à la vie, et ne croyant à
rien ; bonne ou mauvaise, la vie est un leurre ;
le meilleur parti qui s'offre à l'homme est celui
de s'en jouer à son tour. Voyons de plus près
ces différents « caractères » que la vie sous son
double aspect fonde chez les hommes. Ainsi,
il y a le pessimiste d'un jour ou d'une heure,
pessimisme qui ne se traduit que par une ma-
lédiction soudaine à la vie; ce sont les situations
critiques, désagréables qui font ce pessimisme
passager, prompt à se convertir au plus souriant
optimisme, dès le premier instant de satisfaction ; ce pessimisme, s'il est plus général,
n'est pas, du moins, réel. *Un tel caractère*, chez
l'homme, appartient aux circonstances, qu'il
rencontre, et qui le dominent ; il devient, en
même temps, *la note de la nature externe* de
l'homme : influence trop grande du monde extérieur, variabilité. Nous trouvons ensuite le
pessimisme de raison. Il est de tous les jours,
il persiste, c'est un vrai principe. La vie, c'est
la souffrance, c'est la douleur ; l'homme est
toujours malheureux. Ce pessimisme n'est pas
le résultat des circonstances, des situations
qu'offre la vie elle-même ; c'est l'esprit qui fixe

en elle le mal. Le bonheur, il ne le verra jamais,
même lorsque tout en témoignera. La nature
de l'homme, ici, n'est pas « touchée » des
formes de la vie. *Un tel caractère* est l'effet de
la tendance de l'esprit à croire une chose telle
qu'il se la représente : et nous avons cette
autre note de la nature externe de l'homme ;
obstination irréfléchie, influence du monde extérieur, invariabilité, qui est l'effet d'un mouvement répété.

Chez le premier, l'esprit « coule », pour
ainsi dire, avec les effets extérieurs. Dans le
second, il demeure « campé » dans une vue in-
variable. Si le premier multiplie ses organes
de vision, le second ne se sert que d'un œil.
Évidemment cette division peut être reportée
dans l'examen de l'optimisme. Nous y retrouvons les mêmes caractères chez l'homme
et les mêmes notes de sa nature externe.
La différence réside dans la manière de voir
les faits extérieurs, les premiers voient
tout en noir, ce qui est le vrai moyen de ne
rien voir ; les seconds voient tout en rose, ce
qui fait voir fort mal. Ces deux genres de vue
privent l'homme de la connaissance de lui-
même. Laissons-là les rieurs, qui appellent
optimistes et pessimistes, bonnes bêtes !....

CHAPITRE II

—

RÉALITÉ. — SIGNES. — FORMES. — SYMBOLES. — RÉALITÉ SUPÉRIEURE.

Possédons-nous bien la nature ? Il semble que nous ayons seulement devant nous des images, ou plutôt des ombres, d'une Réalité qui nous échappe. Chaque chose de la nature paraît nous envoyer des rayons à travers lesquels nous la percevons, mais dont nous sommes incapables d'atteindre le foyer central c'est-à-dire la chose elle-même perçue. Bien que nous touchions, nous voyons clairement une grande partie des choses qui constituent cette nature belle, grande, riche que nous avons devant nous ; il semble, pour ainsi dire, qu'elles nous fuient, même au moment où nous les tenons dans nos mains, que nous les voyons, près de nous, sous nos yeux. Que dire des choses que nous ne pouvons ni voir ni toucher ?...... Leur possession même nous semble un leurre. D'où peut provenir un tel mirage, car, pour nous, la nature est un véritable mirage ? Ceci ne peut avoir sa raison que dans la constitution de notre esprit. Il est fait pour la connaissance complète, achevée, pour la Réalité, et nous n'avons là que des effets secondaires de causes supérieures. Et celles-là nous échappent.

Devons-nous croire que ces effets secondaires ne sont pas des réalités. Dans le sens strict du mot, ces effets sont réels. Le nier, ce serait par là se refuser à croire à la réalité, cause et raison première. Nous ne le pouvons pas, ce serait faire appel au néant de toutes choses, par conséquent nous résoudre à ne plus rien comprendre. Chaque chose est une réalité, et quel que soit son degré, elle a sa puissance d'existence, et elle est une force depuis l'atome imperceptible jusqu'à la plus haute montagne, jusqu'à notre planète elle-même ; depuis le moindre brin d'herbe jusqu'au chêne le plus robuste ; depuis le protozoaire jusqu'à l'homme ; depuis l'instinct le plus rudimentaire jusqu'à l'intelligence la plus développée.

Elles sont une réalité, puisque nous retrouvons en elles une multiplicité d'éléments que l'organisation ramène à l'unité, par suite des existences multiples réunies en une seule.

Toute chose est donc une réalité, puisque c'est

une organisation, un monde particulier et qu'il
se trouve en elle des éléments et un principe
collecteur. Ce sont des réalités puisqu'il y a aussi
entre elles des proportions, des degrés d'élévation de l'une à l'autre et que de la pierre à
l'homme nous constatons une chaîne qui relie
toutes les existences et qu'ainsi nous avons un
tout que nous pouvons saisir, contempler et
admirer, malgré les quelques anneaux qui
peuvent nous demeurer cachés. Ce sont des
réalités, en outre, puisqu'elles offrent ce caractère : la résistance ; dès qu'une puissance
s'est posée, sa constitution est menacée par
d'autres organisations, affirmées ou qui se
réalisent, qui sont autour d'elle et qui cherchent
à la renverser par une conspiration permanente ; il en est ainsi de toutes les réalités
à l'égard les unes des autres ; dans cette
lutte, le moment du triomphe est toujours
celui de la chute. Pensée que les anciens exprimaient en disant que Jupiter avait une sorte de
jalousie pour les choses élevées et qu'il y avait
une force capable de les renverser. Mais ces
réalités, durables dans leur ensemble, sont glis-
santes et fuyantes en elles-mêmes et prennent
ainsi le caractère d'apparences ; par suite, elles
peuvent concorder avec notre intelligence, nos
facultés avides de savoir et qui trouvent là un

vaste champ à explorer, mais elles ne sauraient satisfaire l'impulsion de vie qui est dans notre raison et qui réclame pour elle un bien stable, durable et éternel.

Serait-ce à tort que nous établissons une telle conclusion ? Dans cette crainte nous voulons prendre le contre-pied de cette déduction. Ne serait-ce pas, en premier lieu, dans l'activité de notre intelligence que réside la non-satisfaction constatée chez celle-ci, laquelle proviendrait de son désir toujours croissant d'un savoir plus étendu, mais qu'elle ne peut atteindre que bien péniblement, à cause de sa constitution ? Nous en arriverions ainsi à penser que notre connaissance est faite d'un processus indéfini, et que notre intelligence se trouve comme scindée en deux puissances, qui réunissent chacune un certain nombre de nos facultés : une puissance, qui nous pousserait toujours plus en avant, et nous pourrions voir en elle l'imagination, le jugement ; et une autre puissance qui nous retiendrait toujours à l'explication certaine de ce que nous acquérons, puissance formée par la mémoire, le raisonnement. Mais remarquons que cette explication ne saurait suffire. En outre, elle est diamétralement opposée à la précédente conclusion. La raison, qui était l'impulsion à la possession d'une connaissance que nous n'at-

teignons pas, devient ici, au contraire, l'attachement à l'explication de ce qui tombe sous nos
sens. Et si, dans la première, ce serait la cons-
tatation vraie de l'insuffisance des réalités naturelles et de la véracité de notre raison, ici ce
serait la raison qui serait dupe de ces réalités,
ou du moins l'imagination qui serait supérieure
à la raison, et c'est un contresens, une hérésie.
Néanmoins ces deux conclusions nous-con-
duisent encore à l'unique vérité : nous avons en
nous deux natures, deux substances.

Pour faire vivre devant nous la Réalité supérieure, d'une manière plus active, pour ainsi
dire, nous avons les symboles. Gardons-nous de
croire, cependant, qu'ils la voilent et la couvrent
complètement ; ils deviennent le moyen efficace,
au contraire, qui nous la révèle, nous la fait
saisir. Comment ? Ils revêtent en eux une forme
passive, qui est destinée à recevoir l'activité
de notre raison et le résultat de sa lutte contre
l'existence ; et, tandis qu'alors l'on dépouille
celle-ci, l'on enrichit la première de la lumière
plus éclatante de l'Etre et c'est alors que l'homme
perçoit la Réalité supérieure, avec cette beauté
ravissante, cet éclat, cette bonté, cet amour,
où il s'épanche, où il se plonge, où il adore,
où il prie. Mais, l'homme se livre à sa vie
sensible et intelligente. Il ne les « fixe »

pas comme des instruments, des moyens pour atteindre la vérité supérieure, mais il se « fixe » lui-même en eux, et en exagérant leur rôle et en s'y soumettant, il les considère comme la réalité. Et il attribue alors mille beautés à mille laideurs, et il se laisse dominer par la forme. Et loin de tout dépouiller pour se dépouiller lui-même, il s'abandonne à ce mirage sensible, mirage qu'il se plaît à admirer, le rehaussant même, jusqu'à faire appel à l'idéal.

Nous ne voulons pas prétendre par là que nous devons, au contraire, dégarnir, déparer le monde de ses beautés naturelles, que nous aimons à constater et à reconnaître ; nous nous en voudrions « d'attenter » à l'existence des richesses de notre globe et de tout l'univers. Mais placer en elles une puissance d'attrait qui les porte à nous dominer, c'est nous faire nous-mêmes les jouets d'illusions et par là devenir nos propres dupes.

*
* *

N'est-il pas très fâcheux pour nous de ne pouvoir penser que par des images et de ne pouvoir traduire notre pensée que par des signes. Cette double nécessité nous fait perdre, nous prive d'abord de la réalisation des meilleures

conceptions et des plus élevées, dont nous
voyons pourtant reluire devant nous une multitude d'éclairs, qui s'éclipsent avec une ra-
pidité que nous ne saurions en aucune façon
exprimer ; en outre, elles sont l'obstacle à la
possession immédiate de la Vérité, où nous con-
naîtrions la raison intime des choses, où nous
serions en possession complète de notre nature intime et en face de la Réalité. Et par la
pensée, et par le langage, avec quelles diffi-
cultés sommes-nous aux prises, cause de multiples déceptions, pour nous approcher de
la Vérité, toujours recherchée, par cela même
continuellement bien méconnue !..... Mais rien
n'est vain parce que rien n'a été fait en vain.....

Il est incontestable qu'il existe un commerce
assidu, des rapports constants entre notre esprit et le monde extérieur. Toute notre activité
intellectuelle est due à l'éveil où le maintiennent tous ces objets qui l'environnent. Si la
nature n'offre nullement l'identité des choses
même pour celles d'une même espèce, et c'est
ce qui permet l'observation, la connaissance,
elle présente, du moins, des ressemblances,
des analogies partout, qui favorisent l'expérience et le savoir. L'animal lui-même distingue, mais il n'établit pas les différences.

Certaines choses ont entre elles une sépa-

ration très marquée ; ainsi, la matière inorganique est à l'antipode de la matière organisée,
l'infusoire est horriblement distinct de l'homme ;
malgré cela, la chaîne n'existe pas moins, et
ce qui différencie l'animal de la matière morte
ne se trouve pas moins dans la plante, comme
ce qui divise le mammifère de l'invertébré
existe dans le vertébré.

Et notre connaissance a ses points de repère
pour se fonder, et elle se fonde, en reconsti-
tuant, pour ainsi dire, l'union de toutes choses.

L'esprit devient donc maître du monde extérieur.

La vie de l'esprit est inséparable du monde
matériel. Il lui prend tout. Les choses viennent
projeter en lui leur réalité et il en conserve
l'image ou idée. Et lorsque ces idées aug-
mentent en nombre et en puissance, *l'esprit
reprend une certaine indépendance*, qui le détache de ces choses matérielles et le conduit
à pouvoir exercer un certain empire sur elles,
en ce sens qu'il ne subit plus aussi considérablement toute leur influence réelle, mais qu'il
leur accorde ou qu'il place en elles son idée
propre, sa conception propre, et qu'ainsi il
oppose à ces réalités, la réalité de sa puissance.

L'homme devient ainsi la cause efficiente de
l'ordre rationnel. Et par là, Dieu le fait parti-

ciper en quelque sorte à sa puissance dans la
création. Il ne possède pas la vue immédiate
de ce qui constitue le monde, mais il peut avoir
l'intuition et même la connaissance des choses,
du moins, autant que sa nature contingente
le permet, dans l'intérêt propre de son être.
Nous verrons pourquoi.

Pour atteindre la connaissance qu'il lui est
possible de recevoir et de supporter actuellement, il n'a qu'à suivre sa raison, où brille
l'étincelle, venue de Dieu, qui lui fait entrevoir,
par ces milles choses, les sphères d'une supériorité incommensurable à lui-même et à ce tout
présent. Mais l'homme ne doit pas tout connaître. Une sorte d'obscurité lui est nécessaire
afin qu'il marche plus bravement sur les dangers qui l'environnent. Sa conviction est qu'il
peut tout savoir, et il ignore suffisamment pour
ne pas se troubler, se perdre, tomber dans le
gouffre, avant même de l'avoir aperçu. Il peut
découvrir bien des choses, mais il rencontrera
une limite toujours et partout ! De même il ne
peut voir clairement la Réalité supérieure. Un
certain vertige le saisirait qui le perdrait en le
confondant, et qui produirait sur lui ce que le
monde entier ne peut faire, l'écraser. C'est
pourquoi l'homme peut arriver uniquement,
par le dépouillement que provoque cette vie

actuelle, et par la mort qui l'achève, à la connaissance de cette Réalité.

On peut croire, après ce que nous venons d'exposer, que l'on n'a plus le droit de parler de l'inanité des réalités actuelles, puisque par la connaissance que l'homme en aurait, elles pourraient le perdre. Remarquons que si l'on nous plaçait sur une corde étendue dans les airs, sans qu'elle ait aucun appui à ses deux extrémités, notre culbute ne se ferait pas attendre longtemps. On nous dit que les somnambules peuvent passer hardiment, même sur le bord d'un toit, dans leur sommeil ; réveillez-les et le vide les attirera immédiatement.

D'autre part, en touchant complètement cette inanité, quelle serait la conduite de l'homme à l'égard du créateur ? Loin de déclarer en présence de la création, c'est beau ; très souvent l'homme en ricane ou la critique. Que deviendrait sa croyance, s'il la possède encore quelque peu, le jour où il devrait s'écrier: Et cette création est l'œuvre de Dieu !.......

L'homme a été donc placé dans un juste milieu, entre deux extrêmes qui l'offusqueraient. Mais sa liberté lui permet de s'y tenir ou non ; s'il veut se pousser beaucoup plus vers l'un ou l'autre de ces deux points, nécessairement, il sera pris dans un tourbillon d'orgueil ou de désespoir.

CHAPITRE III

—

LE POINT CENTRAL. — EXISTENCE ET ETRE. — IDÉE ABSOLUE.

S'il y a un centre au tout matériel, eh bien, ce centre est à la fois le point de départ et le point d'arrivée. Exemple, une roue : les rayons partent de l'essieu et y aboutissent à la fois.

L'origine et la fin se confondent, la matière n'est capable, ne possède de mouvement que parce qu'elle est inerte. Le muable n'existe, n'est possible que grâce à l'immuabilité. L'homme ne peut se mouvoir que parce qu'il est uniforme, sinon il se confondrait dans l'informe.

C'est le changement qui fait le temps. C'est le mouvement qui fait l'espace. Le fini se perd dans l'infini. Le point dans l'espace. Le temps se noie dans l'éternité. Le contingent finit dans l'absolu.

Si nous partons de Paris pour nous rendre à Saint-Pétersbourg, nous aurons un point de départ : Paris, et un point d'arrivée : Saint-Pétersbourg ; nous aurons un chemin parcouru,

autant de points : l'espace ; et enfin, un renou-
vellement prolongé de notre acte, marcher : le
temps. Mais si nous refaisons dix fois consécu-
tivement, la chose étant possible, ce parcours,
le point de départ deviendra tout aussi bien le
point d'arrivée, et réciproquement, de manière
que nous aurons chaque fois le point de départ
et celui d'arrivée différents, c'est-à-dire que ces
deux points varieront dans la désignation qui
leur reviendra : départ-arrivée. De même si nous
partons d'un point quelconque de notre globe
et, après un voyage circulaire autour du monde,
nous venons l'achever au même point, ce point
sera celui de notre départ et celui de notre arrivée ; mais si nous nous arrêtons à un autre
point du globe que celui d'où nous sommes
partis, nous avons deux points, celui de notre
départ et celui de notre arrivée. Quelle signification auront pour nous ces deux points ? Nous
ne les différencions que par le chemin que nous
avons dû effectuer de l'un à l'autre. C'est là le
départ, c'est ici l'arrivée, mais ils se confondent,
ils coïncident. Nous ne les considérons séparément qu'à cause de notre acte, de notre déplacement. Ainsi, nous sommes nés, nous devons mourir ; naître et mourir se confondent
dans la non-existence, et des deux termes nous ne
retirons que l'existence possédée actuellement.

Mais pourquoi serions-nous préoccupés de l'origine et de la fin de notre existence, sinon par cette seule considération : la non-existence ?

Celle-ci est donc le point qui réunit tout : naissance, existence et mort.

Par conséquent, notre origine et notre fin coïncident et nous ne pouvons avoir qu'un point unique. Ensuite, en disant être, nous ne pouvons considérer non-être. En conséquence, nous ne pouvons ajouter à non-existence, non-être, car si nous laissons les deux négations, nous affirmons par là un seul fait : néant.

Or, la non-existence est un phénomène réel. Nous ne pouvons lui retirer la négation :

Non-Existence

Mais nous ne pouvons la conserver aussi à Etre :

Etre

Nous avons donc :

Non-Existence
Etre

D'autre part, nous ne pouvons exprimer la négation pour ce qui est du moment ; nous avons donc en dernier lieu :

} Existence
Etre

Voilà toute la philosophie pressentie par Platon.

.˙.

La connaissance de Dieu est en dehors de nous « existant ». Les sens, le cerveau, où si l'on veut la sensibilité, l'intelligence ne sont pour rien dans la possession de cette connaissance. C'est un sentiment qui est impliqué en nous Etant.

L'existence et l'Être se séparent fortement.

Entre eux, il y a un abîme.

Tout corps qui se développe et se nourrit, subsiste. Il est « Existant ».

Existence implique une limite.

C'est quelque chose qui doit finir.

L'Être, c'est l'illimité.

L'Etre est en dehors du temps.

L'Existence est pour le moment.

« Je suis » veut dire : je ne finis pas dans le temps.

« J'existe » signifie : je me trouve dans le temps, au milieu de l'espace.

Dieu a donné l'existence à toute la création.

A l'homme seul il a accordé « l'Etre ».

Et c'est par l'Etre que nous sommes en Lui par Lui.

L'Etre n'est pas une substance, si fluide qu'on

puisse se la représenter. Et il n'est pas clos, sans porte, ni fenêtres.

C'est par notre corps qu'il le devient.

Plus l'homme se morfond en son existence, plus l'Etre se perd ; plus il augmente ses besoins, plus l'être se trouve diminué.

La « Croyance », on ne la perd, ni on l'acquiert, selon la signification que l'on donne à ces mots. C'est son Etre que l'on perd ou que l'on maintient puissant.

Nous diminuons, nous étouffons notre Etre, en l'oubliant, en cherchant ce qui n'est pas lui ; nous demeurons en lui, en nous y attachant, et ceci en nous affranchissant de l'influence trop grande de l'existence.

On ne peut localiser l'Etre dans le corps. L'Etre n'est pas une portion intégrante de notre corps. Il n'est pas quelque part dans celui-ci :

L'Etre est avec la vie — dans l'actuel — mais soumis désormais à l'Absolu ; séparé en partie, dans le temps, pour lui appartenir tout entier dans l'infini.

Dieu créa l'univers, il créa les astres, il créa les plantes, il créa les animaux, et en dernier lieu, il créa : l'homme.

Et lorsqu'il le créa, il lui donna, en même temps que la vie, l'Etre, c'est-à-dire qu'il y plaça quelque chose de Lui ; il mit chez l'homme une essence particulière, tirée de son Essence propre.

C'est dans la Raison qu'il souffla ce souffle divin.

Notre raison, c'est l'unité de la pensée, provenant des opérations de l'organe de la pensée, et de l'Etre, goutte de l'essence divine. Mais rien n'est imprimé dans l'organe, centre de la raison. Tous les sens contribuent à former la raison dans le cerveau, qui reste une composition naturelle de matière et dans lequel ce souffle n'exerce aucune action matérielle spéciale. Ce n'est pas comme le sang qui anime le corps et la moelle qui soutient les os.

Des matérialistes peuvent affirmer que nulle part dans le corps on ne trouve la trace d'une substance que l'on puisse considérer comme étant l'Etre. Ils peuvent le fouiller dans tous ses plis et replis, il ne se dévoilera pas à eux.

La vérité, c'est le simple, et c'est par l'humilité seule que l'on arrive au simple. *Rien n'est vrai que le simple, le simple seul est raison.*

Ils laissent prédominer en eux l'existence, et ce sont alors : orgueil, vanité, folle ambition.

Et les voilà qui proclament : c'est nous-mêmes qui rendons notre intellect si puissant ; c'est nous-mêmes qui avons développé ainsi notre raison. Cette lumière, cette supériorité est par

nous seuls. Comme si nous devions notre
cerveau, tout notre corps à nous-mêmes !

N'ont-ils pas assez de cette vaine flatterie du
« Moi » qu'ils recherchent, puisqu'ils peuvent
s'enorgueillir, s'ils le veulent, d'avoir su
mettre en usage leurs facultés, d'avoir su les
exercer, et arriver à l'acquisition de ce que
l'on appelle « talent, génie », dont la généralité
des hommes est privée.

L'être ! Aveugles, c'est par lui qu'ils voient
et il demeure caché pour eux. La plus triste
des cécités !

L'Etre est le principe de la pensée.

Je suis, c'est pourquoi je pense.

CHAPITRE IV

—

IDÉE ABSOLUE.

Nous voici arrivé à concevoir l'idée absolue. Une seule Idée est pour notre Être, en dehors du temps et de l'espace ; une seule Idée possède tous les hommes et nul homme ne la possède. Elle enveloppe tous les hommes et toute l'humanité ne saurait l'envelopper. Elle ne naît pas avec l'homme, et celui-ci ne l'acquiert à aucun moment donné. Si loin que puissent aller son savoir et son expérience, l'homme ne la possède jamais.

Vaste circonférence dont son cercle est partout, mais son centre en un point unique, c'est elle, qui comme un aimant caché, nous attire et suscite l'activité de notre pensée, sans que nous ayons même conscience de cette action qu'elle exerce sur nous.

Elle peut se comparer à un foyer immense d'où partent une infinité de rayons. Ce sont ces rayons qui arrivent jusqu'à nous. Ce sont ces rayons que nous pouvons acquérir, possé-

der, approfondir, nous en pénétrer. Ces rayons
sont les idées. Ces idées que nous atteignons
et autour desquelles notre pensée converge,
nous les croyons, jusqu'à un certain point, les
vraies, les fondamentales, celles que nous re-
cherchons : car, nous nous laissons facilement
tromper par notre raison même, que sa contingence limite. Mais nous ne tardons pas à acquérir la certitude que si supérieures soient-
elles, elles ne sont que secondaires, puisqu'elles
ne sauraient nous suffire et nous soumettre.
Nous voulons sans cesse nous élever plus
haut. Et ce continuel mécontentement que nous
portons en nous, provient de cette continuelle
insuffisance !

Pourquoi ?

L'homme croit bien se trouver dans son moi
et demeurer toujours dans ce moi unique, permanent et identique. Il n'en est rien. Tout de
lui « s'extériorise », vient du dehors et va au
dehors. Alors, à côté du « moi » nécessaire, il
y a le « moi » formé, et il existe comme un
passage de l'un à l'autre, passage imperceptible
pour l'homme et à travers lequel toutes choses
perdent de leur nature première ; nos sensations
prennent ce caractère supérieur, l'idée, grâce à
l'Etre ; et celui-ci tombe sous l'influence entière
de l'existence, qui exerce alors tout son rôle, et

c'est sous cette influence que la présence de l'Etre diminue chez l'homme, et que sa puissance est même transfigurée. Dans ce passage de l'un à l'autre « moi » l'Etre se perd ; il demeure voilé pour l'homme et, dès lors, ce dernier s'éloigne sensiblement de l'absolu dont il tient.

Or l'homme, livré à la seule idée, par une attraction qui lui échappe, et dont il n'a pas conscience — non, l'homme n'est pas un ange tombé des cieux, dont il se souvient ! — l'homme, donc, veut se retrouver dans ce « moi unique, permanent, identique, mais avec l'existence seule, il demeure dédoublé en quelque sorte. Cette impulsion de vouloir se retrouver en lui, fait qu'il se recherche pour ainsi dire. De là ce mécontentement, que rien ne satisfait, et qui fait qu'il s'occupe alors de lui souverainement ; de là, ce qu'on appelle, égoïsme, amour de soi, orgueil, ambition, vanité. Si cette extorisation, néanmoins, ne se produisait pas, c'est alors que le corps n'aurait plus sa raison d'être : or, c'est le seul moyen capable de donner à l'Etre lui-même l'acte et la puissance, en réponse à ceux dont il tient.

*
* *

Ou tout l'Etre demeure, ou bien il se perd peu à peu. Que cherche l'homme ? Ce qui ne sera pas le

tout, ce qui ne sera pas l'Être, par conséquent ?
Mais toutes choses se compromettront alors,
pour lui, dans une série d'effets bien anago-
nistes. Tant qu'il ne saura ce qu'il est à lui-
même, il ne pourra dans toutes ses vaines recherches, que se retrouver dans ces effets, et là
se méconnaître de plus en plus. Son « extorisation » en premier lieu, quelque peu indépendante
de lui-même, malgré lui, augmentera dans la
suite, même avec l'accord de sa volonté, et il se
trouvera dédoublé en lui par lui. Qu'il poursuive
désormais la Vérité !

Vague tourmente de l'homme, exilé en lui-
même et perdu à la fois au milieu de ses sensations extérieures !

En ce milieu, pourvu qu'il travaille ferme, il
retirera une sorte de principe à la vie, principe
remarquable pour ceux qui ne sont pas arrivés
à ce degré de conception, éclatant pour eux,
parce que non-compris et qu'ils appelleront
l'expression d'un talent remarquable, le résultat sincère et sérieux d'une connaissance appro-
fondie des choses et des hommes ; conception qui gagne et que l'on finit par accepter et
par suivre avec un acharnement indigne de notre
raison, indigne de notre véritable liberté. Et
ceux qui en sont possédés, comme par un démon
trom eur, y voient une marche vers la Vérité.

Ils poursuivent ce principe, ils s'entourent autour de lui, car il plaît à la nature qu'ils se sont donnée ; c'est un fruit qui ne les nourrit pas, mais il leur plaît au goût et ils en raffolent ; ce principe est vide, en effet, et pourtant il donne l'illusion du très plein.

Mais la vérité ne peut être partie. N'est vérité que ce qui est un tout en lui-même, par lui-même. Bien plus, la distance est grande entre l'image et la réalité, entre la ressemblance et l'objet même. C'est ce que Maine de Biran a découvert à la lumière resplendissante de Clément d'Alexandrie.

« Il y a une différence essentielle entre ce
« que chacun dit de la vérité et ce que la vérité
« dit elle-même en s'interprétant. Autre chose
« est une opinion, une idée de la vérité et la
« vérité même, comme autre chose est la res-
« semblance d'un objet et l'objet même »

L'esclave de la matière ! Sa raison est enveloppée comme d'un voile et l'Etre se trouve effacé. Son cœur est cerclé du fer de l'indifférence, et meurtri, il se glace et se pétrifie. Les bons sentiments, les nobles mouvements lui sont inconnus. Le feu de l'amour, la connaissance du bien, sont l'un éteint et l'autre perdue.

Il ne sait plus aimer, parce qu'il ne comprend plus.

TABLE DES MATIÈRES

TROISIÈME PARTIE

Vannes. — Imprimerie LAFOLYE Frères.

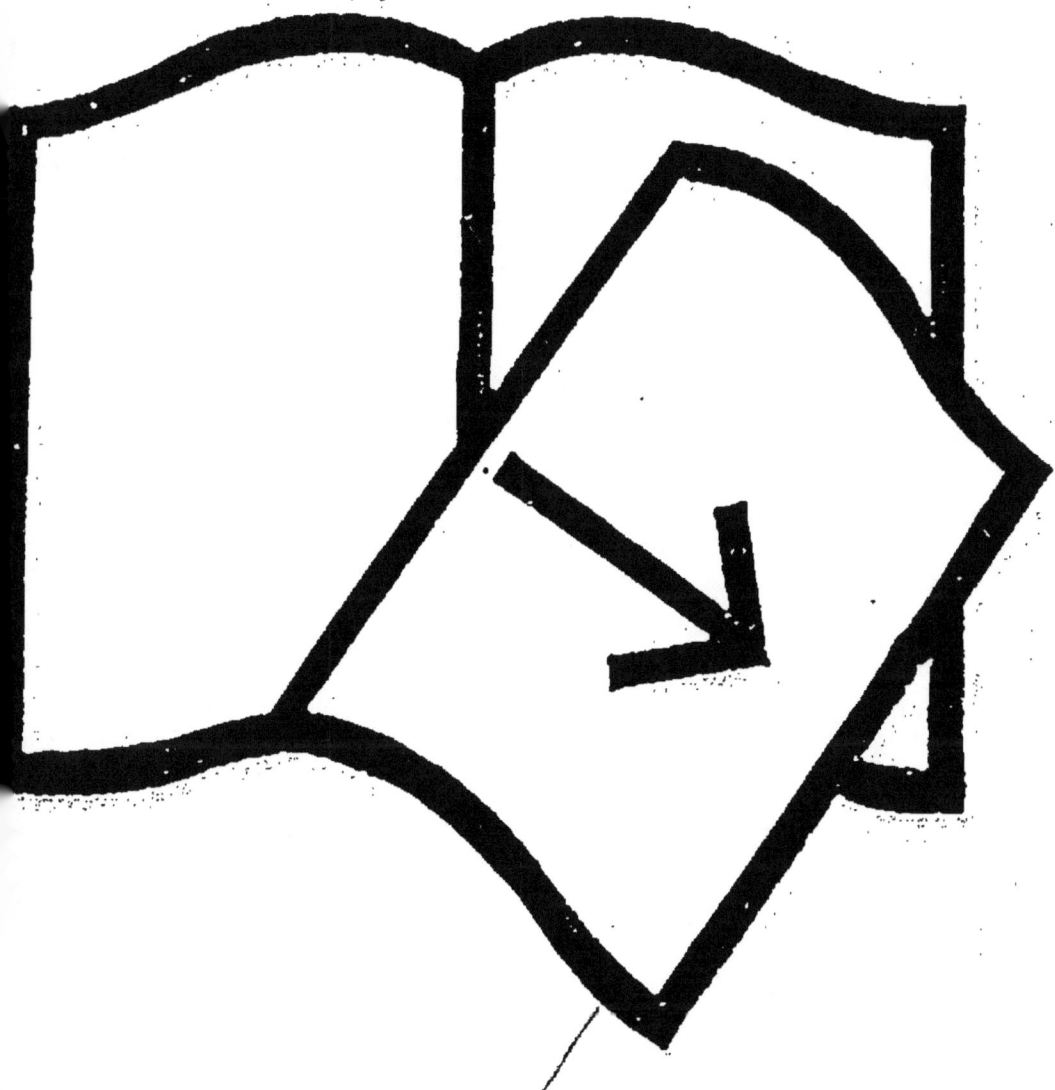

Documents manquants (pages, cahiers...)

NF Z 43-120-13

www.ingramcontent.com/pod-product-compliance
Lightning Source LLC
Chambersburg PA
CBHW070630100426
42744CB00006B/644

* 9 7 8 2 0 1 2 7 9 6 7 7 5 *